ESDRAS

Hernandes Dias Lopes

ESDRAS

O escriba pregador

hagnos

1ª edição: maio de 2025

Revisão: Pedro Nolasco e Marcelo Santos
Diagramação: Letras Reformadas
Capa: Claudio Souto (layout) e Julio Carvalho (adaptação)
Editor: Aldo Menezes
Coordenador de produção: Mauro Terrengui
Impressão e acabamento: Imprensa da Fé

Editora Hagnos Ltda.
Rua Geraldo Flausino Gomes, 42, conj. 41
CEP 04575-060 — São Paulo, SP
Tel.: (11) 5990-3308

E-mail: editorial@hagnos.com.br |Home page: www.hagnos.com.br
Editora associada à Associação Brasileira de Direitos Reprográficos (ABDR)

Dados Internacionais de Catalogação na Publicação (CIP)

Lopes, Hernandes Dias

Esdras: o escriba pregador / Hernandes Dias Lopes. – São Paulo: Hagnos, 2025. (Comentários Expositivos Hagnos).

ISBN 978-85-7742-636-2

1. Bíblia - A.T. - Esdras - Comentários I. Título II. Série

25-1300 CDD 222.707

Índices para catálogo sistemático:
1. Bíblia - A.T. - Esdras - Comentários

Angélica Ilacqua CRB-8/7057

Dedicatória

DEDICO ESTE LIVRO A Edson Recco, homem de Deus, servo do Altíssimo, amigo precioso, companheiro de jornada na caminhada cristã.

Sumário

Sumário

Prefácio

Esdras viveu no exílio. Seus ancestrais foram subjugados pelos caldeus e sofreram as atrocidades do truculento império babilônico. Por ordem do rei Nabucodonosor, os soldados caldeus destruíram Jerusalém, arrasaram o templo de Salomão até os fundamentos, passaram ao fio da espada homens, mulheres, velhos e crianças, impondo aos sobreviventes amarga escravidão.

O declínio da Babilônia e o domínio do Império Persa abriu para os judeus exilados uma fresta de esperança. Sob a liderança de Zorobabel, no primeiro ano do rei Ciro, em 539 a.C., a primeira leva de judeus, retornou para Jerusalém com o propósito de edificar o templo. Mais de quarenta mil pessoas retornaram para refazerem seus sonhos e para darem continuidade à história da redenção na terra da promessa.

Passados os governos de Ciro, Dario e Assuero; agora, no governo de Artaxerxes, Esdras lidera a segunda leva de judeus rumo a Jerusalém, com o propósito de ensinar a lei e estabelecer uma reforma espiritual. Esdras é um escriba versado na lei, que desfruta de respeito na corte imperial. Recebe do monarca persa a missão de subir a Jerusalém, como oficial do rei, com a missão de ensinar o povo judeu os preceitos da lei divina.

Esdras é um líder versado nas Escrituras e um homem de oração e jejum. Tinha uma mente iluminada pela verdade e o coração quebrantado de compaixão pelo seu povo. Sua liderança deixou marcas perenes entre seu povo. Governou pelo exemplo, mais do que com ditames legais. Foi um líder de muitas lágrimas e ao mesmo tempo de muita força. Não transigiu com a verdade, nem se apequenou diante das crises. Enfrentou com galhardia os pecados do povo e liderou-o numa grande reforma. Mais tarde, nos dias de Neemias, demonstrou ser um experimentado pregador, conhecido pelos eruditos como o pai da pregação expositiva.

Minha esperança é que a vida, o exemplo e a obra de Esdras seja um farol a aluminar nossa geração tão carente da verdade e tão necessitada de uma profunda reforma espiritual.

Boa leitura!

Introdução

O nome "Esdras" significa *auxílio*. Filho de um dos cativos de Babilônia, onde provavelmente nasceu, descendia de família sacerdotal, pois era neto de Hilquias (7:1; 2Rs 22:8). Foi um escriba versátil da lei (7:6). Um pregador por excelência (7:10).

Esdras é considerado um dos organizadores do cânon do Antigo Testamento, bem como das sinagogas. Depois que os judeus voltaram à sua terra, as sinagogas foram estabelecidas não apenas em Israel, mas em outras regiões por onde os judeus se espalhavam. Corroborando com essa ideia, John MacArthur afirma que a tradição conta que Esdras foi o fundador da "Grande Sinagoga", onde o cânon do Antigo Testamento foi reconhecido formalmente pela primeira vez.[1]

Gerson Lopes Fonteles corrobora, dizendo que, segundo a tradição,

Esdras fundou e presidiu a "Grande Sinagoga", composta por cento e vinte membros, que fechou o cânon do Antigo Testamento. Esse conclave deu origem ao Sinédrio, grupo de sacerdotes, escribas e anciãos que governava Israel.[2]

Bill Arnold e Bryan Beyer destacam que Esdras era figura proeminente da comunidade da restauração. Sua genealogia o colocava na linhagem de Arão, irmão de Moisés e primeiro sumo sacerdote (7:1-5). Uma herança tão impressionante dava a Esdras o direito de ser escriba (7:6), o que significa que ele era um estudioso e professor da lei, e não somente um copista. Ele era guardião da lei de Moisés e como tal dava continuidade às tradições do Pentateuco, tendo disposto o coração para conhecer, viver e ensinar a lei (7:10).[3]

Henrietta Mears diz que os livros de Samuel e dos Reis compunham um só livro na Bíblia Hebraica e o mesmo acontecia com Esdras e Neemias. Esses dois últimos livros narram o regresso do povo escolhido, após o exílio babilônico, bem como a reconstrução da cidade e do templo, acontecimentos importantes da história judaica. Na verdade, temos um novo êxodo para o Israel cativo. O primeiro êxodo foi o do Egito; o segundo foi o da Babilônia.[4]

Nessa mesma linha de pensamento, Gleason Archer diz que os livros de Esdras e Neemias são tratados como um só pelos escribas hebreus; não há nenhum espaço no Texto Massorético entre o fim de Esdras e o começo de Neemias 1, e as estatísticas dos versículos dos dois livros acham-se juntas no fim de Neemias. O tema desse livro composto é um relatório da reconstrução da teocracia hebreia, nos alicerces físicos e espirituais do passado. Assim como Deus protegia seu remanescente do ódio de inimigos externos, também os livrou da corrupção insidiosa dos irmãos falsos dentro da própria comunidade.[5]

A importância do livro de Esdras

Como já acentuamos, os livros de Esdras e Neemias formavam um único livro na Bíblia Hebraica. Esdras contém 280 versículos, dos quais 111 são registros; 109 são narrativas; 44 são cartas; 10 são orações; 3 são proclamação e 3 são extrato. [6] Os livros de Esdras e Neemias tratam da restauração de Israel e de sua volta do exílio para Jerusalém. A Babilônia fez três investidas para levar o povo de Judá para o cativeiro: 606, 596 e 586 a.C. A volta do exílio aconteceu, também, em três turnos. O livro de Esdras retrata a primeira volta, sob a liderança de Zorobabel, para a reconstrução do templo e a segunda volta, sob a liderança do próprio Esdras, para o ensino da lei. A terceira volta ocorreu sob a liderança de Neemias, para a reconstrução dos muros de Jerusalém e a reforma espiritual.

Concordo com Benjamin Galant, quando diz que os livros de Esdras e Neemias seguem um similar modelo. A corte real da Pérsia autorizou-os a reconstruir o templo; então, há uma jornada, oposição e sucesso. Tanto Esdras quanto Neemias olharam para aquela história com os olhos da fé e discerniram os atos de Deus em seu tempo. As ações dos reis da Pérsia eram, na verdade, atos do próprio Deus.[7]

O foco do livro de Esdras, portanto, é restauração. Está em aberto contraste com os livros de Reis e Crônicas. Estes registram a destruição do templo de Jerusalém; Esdras trata de sua reconstrução. Reis e Crônicas apresentam o quadro sombrio de uma nação corrompida pela idolatria; Esdras, uma nação purificada do culto idólatra. Reis e Crônicas destacam o descuido da lei; Esdras, a restauração da lei ao seu devido lugar. Reis e Crônicas chamam a atenção para a mistura de Israel com os pagãos; Esdras destaca a separação de Israel da influência e dos costumes pagãos.[8]

Benjamim Galant diz, ainda que, diferentemente dos israelitas que entraram na Terra Prometida, muitos séculos antes sob a liderança de Josué, os judeus que retornaram do exílio para Jerusalém não eram um exército conquistador. Antes, eles eram uma comunidade religiosa de construtores, que primeiro edificaram o templo, depois os muros da cidade e, no processo, a própria comunidade. A comunidade estava em constante perigo: perigo de fora, uma vez que enfrentaram oposição para reconstruir o templo do Senhor e os muros da cidade; perigo de dentro, uma vez que enfrentaram ameaças de rebelião e apatia.[9]

O livro de Esdras relata a reedificação e a inauguração do segundo templo e o restabelecimento da vida nacional dos judeus em sua terra. A restaurada comunidade de Jerusalém experimentou um cerco social e espiritual. Eles lutaram, não especificamente por poder político, mas por fidelidade espiritual a Deus.

Esdras carrega as tintas para destacar a fidelidade de Deus com seu povo. Deus, como Pai, disciplina seu povo para que ele não seja destruído. Mas, depois da disciplina, vem a restauração. Deus é fiel à sua promessa (Jr 29:10-14). Deus trouxe seu povo de volta à terra da promessa. Assim como Deus usou os reis pagãos como vara de sua disciplina, usa, agora, os reis pagãos para trazer de volta o seu povo a Jerusalém. Homens como Ciro, Dario, Xerxes e Artaxerxes foram seus instrumentos na consecução de seus propósitos. Acima dos reis da terra, Deus reina. Ele está assentado num alto e sublime trono e governa soberanamente os destinos da história. O coração dos reis está em suas mãos e Ele o inclina conforme lhe apraz (Pv 21:1).

O autor do livro de Esdras

Muito embora o livro seja anônimo, baseado no entendimento dos antigos judeus e da tradição cristã, o livro de Esdras é atribuído ao escriba Esdras. É consenso entre os estudiosos que Esdras é o autor do livro que leva o seu nome. O nome do livro, portanto, aponta para o seu autor (7:6,11). O livro foi escrito na primeira pessoa, conforme se pode ver nos capítulos 7 e 9. Esdras foi um escriba, versado nas Escrituras, que se dedicou a estudar, viver e ensinar a Palavra de Deus (7:10). Esdras é um eminente exemplo de pregador expositivo do Antigo Testamento (Ne 8:1-18). Muito embora os autores do Novo Testamento não citem o livro de Esdras, ele é um dos livros mais importantes do Antigo Testamento.

Edward G. Dobson diz que, indubitavelmente, Esdras utilizou várias fontes para escrever seu livro, incluindo a proclamação de Ciro (1:1-4), o censo de outras listas (2:1-62; 8:1-14; 10:18-43), documentos oficiais e cartas em aramaico (4:7-6:18; 7:12-26), bem como suas próprias memórias (7:27; 8:1-34).[10]

A época do livro de Esdras

Benjamim Galant diz que, Deus puniu Israel por causa da sua infidelidade. Em 722 a.C., os assírios conquistaram e levaram para o exílio as dez tribos do norte. No dia 18 de julho de 586 a. C., os babilônios entraram em Jerusalém, destruíram o templo e exilaram as duas tribos do sul. Mais tarde, em outubro de 539 a.C., a Babilônia caiu nas mãos do Império Medo-Persa, liderado pelo rei Ciro, o Grande.

Belsazar, o rei babilônio naquele momento, foi executado. Ciro, então, designou seu general mais hábil, Dario, o medo, como rei da cidade da Babilônia. Durante o primeiro ano de seu reinado, Ciro proclamou um decreto, permitindo aos judeus retornarem a Jerusalém e reconstruírem o templo em sua cidade. Edward Dobson ainda esclarece:

> O profeta Jeremias profetizou o período do cativeiro de Judá. Ele deu o nome dos captores, a Babilônia, e a duração do cativeiro, setenta anos. O cativeiro começou sob Nabucodonosor quando ele levou Daniel e outros jovens para a Babilônia (Dn 1:1,2), no quarto ano do reinado de Jeoaquim (606 a.C.). Setenta anos a partir de 606 a.C., poderia ser o primeiro ano do reinado de Ciro sobre o império babilônico, cumprindo, assim, exatamente a profecia de Jeremias.[11]

Houve três retornos distintos dos judeus para Jerusalém: Zorobabel liderou o primeiro retorno, em 538 a.C. (Ed 2:1,2; Ne 7:5-7; 12:1). Esdras liderou o segundo retorno, em 458 a.C. (Ed 7:1,6-9). Neemias liderou o terceiro retorno, em 444 a.C. (Ne 2:1,11). Em 537 a.C., a reconstrução do templo começou. Entretanto, ela foi interrompida algumas vezes por intriga dos inimigos à volta de Jerusalém e consequente embargo político. Durante esse tempo, Ageu e Zacarias ministraram para os desencorajados judeus que residiam em Jerusalém. Em outubro de 515 a.C., o templo foi completado e dedicado.[12]

Esdras e Neemias mencionam quatro reis persas: Ciro (que reinou entre 559-530 a.C., Dario I (521-486 a.C.), Xerxes (486-465 a.C.), aparece no livro de Ester como Assuero, e Artaxerxes I (465-424 a.C.). Este último rei estava no trono quando Esdras e Neemias retornaram a Jerusalém (Ed 7:1,8; Ne 2:1). Esses reis expandiram o

Império Persa, incluindo o Egito e partes da Grécia. O Império Persa durou até 330 a.C., quando Alexandre da Macedônia, conhecido como Alexandre, o Grande derrotou os exércitos persas e entrou nas cidades de Susã e Persépolis.[13]

O livro de Esdras abrange um período de setenta e nove anos, de 536 a 457 a.C., ou seja, de Ciro, o persa, a Artaxerxes. O livro todo se desenrola depois da queda da Babilônia e durante o governo do Império Medo-Persa.

É de bom alvitre destacar que Ciro, o rei da Pérsia, derrotou os babilônicos, em cumprimento à profecia divina (Is 44:22; Jr 27:7; Dn 5:28). Ciro tomou a cidade da Babilônia em 12 de outubro de 539 a.C. Ele próprio emitiu um decreto permitindo o regresso dos judeus. Fica evidente que a Pérsia era uma terra de tolerância religiosa.

O profeta Isaías chamou Ciro pelo nome duzentos anos antes de ele nascer, referindo-se a ele como o libertador de Israel e reconstrutor do templo (Is 44:28; 45:1-4). O historiador judeu do primeiro século, Flávio Josefo, relata que Daniel mostrou essas profecias a Ciro, e que o monarca ficou tão impressionado por elas e tão bem-disposto para com o povo cativo, que publicou um decreto permitindo-lhe voltar à sua terra. Não há, entretanto, nenhuma evidência bíblica desse ocorrido. Nove anos depois que Ciro conquistou a Babilônia, no ano 530 a.C., ele morreu no campo de batalha, enquanto buscava mais terras para seu já gigantesco império.[14]

A divisão do livro de Esdras

O livro de Esdras pode ser dividido em dois blocos principais: 1) O regresso dos judeus exilados sob Zorobabel (1-6); 2) o regresso dos judeus exilados sob Esdras (7-10).

Quanto ao regresso sob Zorobabel, vemos: 1) O decreto de Ciro (cap. 1); 2) a lista dos que regressaram (cap. 2); 3) O lançamento da pedra fundamental do segundo templo e a restauração do culto (cap. 3); 4) A oposição dos samaritanos (cap. 4 e 5); 5) a dedicação do templo (cap. 6).

Quanto ao regresso sob Esdras, vemos: 1) A comissão de Esdras (cap. 7); 2) os companheiros de regresso de Esdras (cap. 8); 3) o pecado confessado (cap. 9); 4) o pecado abandonado (cap. 10).[15]

Os destaques do livro de Esdras

Gordon Fee e Douglas Stuart dizem que Ciro, tecnicamente, havia inaugurado a nova era, que incluiu a reconstrução simbólica inicial de Jerusalém e do templo (Is 44:28-45:5,13). Mas, na verdade, só um punhado de judeus tinha voltado à terra prometida, e o segundo templo não tinha nem a grandiosidade do templo de Salomão (Ag 2:3), nem havia, tampouco, atingido ainda a sua prometida glória (Ag 2:6-9) – enquanto Jerusalém em si estava numa situação de decadência geral, com poucos habitantes (Ne 1; 11). Instaurou-se, portanto, um período de declínio espiritual generalizado; que incluiu, de forma crescente, um bom número de casamentos mistos (Esdras 9-10), uma forma de se perder a identidade nacional. É nesse contexto, então, que entram Ageu e Zacarias para incitar o trabalho de um sacerdote (Josué) e de um governador (Zorobabel). Uma geração depois, foram um sacerdote (Esdras) e um governador (Neemias) que se apresentaram pessoalmente com um movimento de reforma – e com melhores resultados.[16]

Para uma melhor compreensão, vejamos as datas mais importantes desse período:

1. 586 a.C. – Destruição do templo de Salomão e queda de Jerusalém;
2. 539 a.C. – Queda da Babilônia pelos medo-persas e primeiro retorno da Babilônia para Jerusalém, por ordem do rei Ciro, liderado por Zorobabel;
3. 537 a.C. – Início da construção do segundo templo e o ministério de Ageu e Zacarias;
4. 515 a.C. – Conclusão e dedicação do segundo templo;
5. 479 a.C. – Ester tornou-se rainha da Pérsia, sendo esposa do rei Xerxes (Assuero);
6. 458 a.C. – Esdras conduziu a segunda expedição da Babilônia para Jerusalém, no período do rei Artaxerxes;
7. 444 a.C.– Neemias lidera a terceira expedição para a construção dos muros de Jerusalém, no período do rei Artaxerxes.

Destacaremos alguns pontos importantes aqui:

Em primeiro lugar, *a soberania de Deus na história.* Deus usou o rei Ciro para libertar os cativos de Judá. Esse rei foi mencionado nas Escrituras como o "pastor", o "servo", e o "ungido" do Senhor (Is 44:26-28; 45:1,13; Jr 29:10). Duzentos anos antes de Ciro nascer, Deus já o conhecia e já havia determinado que ele seria o libertador do seu povo. Na verdade, Ciro foi o instrumento e Deus o agente. Foi Deus quem despertou o espírito de Ciro (1:1). O próprio rei Ciro compreendeu essa verdade, ao declarar: "Assim diz Ciro, rei da Pérsia: O Senhor, Deus dos céus, me deu todos os reinos da terra e me encarregou de lhe edificar uma casa em Jerusalém de Judá" (1:2). Derek Kidner diz que um aspecto notável do Império Persa foi sua integração de uma grande diversidade de povos num único sistema administrativo, mantendo, porém, ao mesmo tempo, uma tradição de respeito pelos seus costumes e crenças locais.[17]

Em segundo lugar, *o cuidado de Deus com os objetos do culto.* O rei Ciro não apenas enviou o povo de Judá de volta à sua terra para a construção do templo, mas, também, devolveu os objetos sagrados, saqueados do templo por Nabucodonosor (1:7-10). Esses utensílios foram profanados, mas não destruídos. Essas peças do templo, que faziam parte do culto, foram devolvidas e reconduzidas ao templo de Jerusalém, reconstruído por Zorobabel. Depois que o primeiro grupo de exilados retornou para Jerusalém, o altar foi construído e a prática dos sacrifícios foi reinstituída sob a liderança de Jesua, neto do último sumo sacerdote de Israel antes do início do cativeiro na Babilônia. Esse Jesua (chamado de Josué por Ageu e Zacarias) tornou-se o primeiro sumo sacerdote do período de retorno. Henrietta Mears destaca que não construíram o templo primeiro, mas o altar (3:2). O lugar onde o pecado é tratado deve vir primeiro em nossa vida. O coração precisa estar preparado para que Deus dispense sua bênção. O altar era o centro da religião judaica; a cruz é o centro da fé cristã.[18]

Em terceiro lugar, *Deus se importa com pessoas.* O capítulo 2 é uma longa lista de nomes, aparentemente enfadonha de ser lida, mas Deus se importa com pessoas e as trata pelo nome. Foram essas pessoas que voltaram com Zorobabel na primeira leva rumo a Jerusalém. Harold Willmington diz que as árvores genealógicas daqueles que retornaram foram cuidadosamente registradas para a posteridade. Um líder, Zorobabel, era neto de Joaquim (1Cr 3:19; Ed 3:2). Ele enfrentou uma dura missão ao iniciar a reconstrução do templo e foi, muitas vezes, encorajado pessoalmente por Deus, por intermédio dos profetas Ageu e Zacarias (Ag 1:14; 2:4,21,23; Zc 4:6,7,9,10).[19] O número daqueles que retornaram foi 42.360 pessoas.

Em quarto lugar, *a reedificação do templo de Jerusalém.* O templo erigido por Salomão foi destruído por Nabucodonosor. O segundo templo foi reedificado por Zorobabel e mais tarde ampliado por Herodes, o Grande. Esse suntuoso palácio religioso, foi arrasado no ano 70 d.C., pelas hordas romanas, lideradas por Tito Flávio. O lançamento da pedra fundamental do segundo templo foi celebrado com um culto de louvor a Deus.

Em quinto lugar, *a interrupção da construção do templo.* Os inimigos à volta de Jerusalém, usando de mentiras e intrigas, escreveram ao rei Artaxerxes, com o propósito de paralisar a obra. Em face dessas denúncias, a construção ficou parada por quinze anos (4:18-23), até o reinado de Dario II. O templo foi concluído no reinado de Dario II (6:15,16), com um grande e efusivo júbilo. Harold Willmington diz que o novo rei persa, Dario, o Grande, tomou um interesse pessoal na questão da reconstrução do templo. Uma busca logo revelou o decreto original de Ciro, que dava permissão aos judeus para reconstruírem seu templo. Dario, então, ordenou que a obra continuasse e decretou que o custo da construção seria pago pelo tesouro de alguns de seus próprios oficiais. Em 12 de março de 515 a.C., o templo foi terminado (6:15). Em abril, a Páscoa foi celebrada em Jerusalém, pela primeira vez em mais de 60 anos (6:19).[20]

Em sexto lugar, *Esdras lidera a segunda leva de judeus a Jerusalém.* Entre os capítulos 6 e 7 do livro de Esdras, intercala-se um período de aproximadamente 60 anos. Esdras descendia de Hilquias, o sumo sacerdote (7:1), que encontrara uma cópia da lei durante o reinado de Josias (2Cr 34:14); Esdras não pôde servir como sacerdote durante o cativeiro, mas dedicou seu tempo ao estudo da Palavra de Deus e era um escriba versado na lei de Deus (7:6,10). Paul Gardner diz que Esdras ocupou uma posição de liderança no exílio, provavelmente devido à sua linhagem sacerdotal. Ele participava dos negócios do governo, pois foi em tal posição que Artaxerxes, o imperador persa, deu-lhe sua recomendação pessoal (7:11,12).[21]

Nas palavras de Harold Willmington "Esdras foi um reavivalista e reformador. Conduziu um reavivamento que começou quando leu as Escrituras ao povo (Ne 8:1-12)".[22] É muito provável que Esdras tenha organizado a sinagoga, tenha sido o fundador da ordem dos escribas e tenha reunido os Salmos e ajudado a estabelecer o cânon veterotestamentário. Portanto, ele sobe para Jerusalém com o propósito de ensinar a lei de Deus ao povo de Israel, que voltara do exílio. As determinações estabelecidas por Esdras eram assaz severas. Quatro tipos de castigos eram aplicados aos desobedientes à lei: morte, desterro, confisco dos bens ou prisão (cf. 7:26).

Em sétimo lugar, *a lista das pessoas que retornaram com Esdras.* No capítulo 8 do livro de Esdras temos uma segunda listra dos exilados que retornaram, agora, sob a liderança de Esdras. Nessa lista não consta nem um ministro para a casa de Deus (8:17). Esdras pediu a Deus e fez a escolha (8:18).

Em oitavo lugar, *a preparação para a viagem e a chegada em Jerusalém.* Esdras convoca um jejum junto ao rio Aava, pedindo a Deus proteção para a longa viagem de mais de mil quilômetros até Jerusalém. Foram quatro meses de viagem. Vieram com ele 1.754 homens. Esdras deixou a Babilônia em meados de março de 458 a.C. Em agosto de 458 a.C., o pequeno grupo chegou em segurança a Jerusalém (7:9; 8:31,32).

Em nono lugar, *o casamento dos israelitas com as mulheres estrangeiras.* Nos dois capítulos finais do livro de Esdras, há uma oração e um confronto. Tão logo Esdras chegou em Jerusalém, tomou conhecimento que os sacerdotes, levitas e líderes civis tinham se casado com mulheres pagãs. Então, ele rasgou suas vestes (9:3a); rasgou seu manto (9:3b), arrancou os cabelos da sua cabeça (9:3c), assentou-se atônito (9:3d), pôs-se de joelhos (9:5b), estendeu as mãos para Deus (9:5c), orou ao Senhor (9:6a; 10:1). Então convoca o povo e o confronta (10:7,8). É digno de destaque que o casamento com pagãos desembocava no pecado de idolatria e foi por causa da idolatria que o povo havia sido levado para o cativeiro. Além do mais, a tribo de Judá precisava permanecer incontaminada, porque dela havia de vir o Messias.

Em décimo lugar, *a fidelidade de Deus tanto na disciplina quanto na restauração.* Deus alertou sobre o cativeiro como ato de disciplina à nação rebelde e o cativeiro aconteceu. Deus prometeu que o restante do povo retornaria à terra e o povo voltou. O cativeiro curou o povo judeu da idolatria e da nação da Israel veio o Messias, o Salvador do mundo.

Benjamim Galant diz que Esdras e Neemias erigiram muros para proteger o povo e permitir que este se estabelecesse novamente na terra prometida. Os muros de Jerusalém representaram a proteção e o cuidado de Deus pelo seu povo. Os muros da Torá – a lei de Moisés – representaram o desejo de Deus de consagrar seu povo e fazê-lo santo. A oração sacerdotal de Jesus expressa visão semelhante à de Esdras e Neemias: "Não peço que os tires do mundo, e sim que os guardes do mal. Eles não são do mundo, como também eu não sou. Santifica-os na verdade, a tua palavra é a verdade" (Jo 17:15-17). A oração de Jesus levantou o muro de proteção ao redor de seus discípulos enquanto permanecem no mundo. Assim como o muro de Esdras, a Torá – o muro de Jesus é também a Palavra de Deus.[23]

A teologia do livro de Esdras

Carlos Osvaldo Cardoso Pinto, tratando da teologia do livro de Esdras, destaca quatro pontos assaz importantes:[24]

Em primeiro lugar, *Yahweh é o Deus universal.* A destruição de Jerusalém fora um duro golpe para as convicções israelitas na grandeza peculiar de Yahweh. Como poderia ter sido Ele derrotado pelos deuses da Babilônia? Os profetas e os historiadores de Israel se encarregaram de demonstrar que não era assim. Yahweh não está limitado às fronteiras de Judá ou Israel. Ele é o Deus do céu (6:9,10). Ele é o Deus de seu povo, mesmo quando seu povo se encontra espalhado por todas as nações debaixo do céu.

Em segundo lugar, *Yahweh é o Deus soberano.* Ele tem poder sobre os reis e tiranos da terra. É Ele quem estabelece o reinado de Ciro e move o coração de Ciro para autorizar o retorno dos israelitas exilados à sua terra natal (1:2-4). É o Senhor quem interfere junto aos reis da Pérsia para permitir e financiar a reconstrução do templo (6:8-12; 7:27,28). É o Senhor quem move o espírito do povo, ajuda pessoalmente a Esdras e os que com ele voltam (1:5; 7:6; 8:18).

Em terceiro lugar, *Yahweh é o Deus fiel à aliança.* Esdras testemunha, com eloquência, a fidelidade de Deus. Em Esdras 7, a consciência da fidelidade de Yahweh às promessas (bênçãos e maldições) da aliança leva o escriba à angústia diante da maneira leviana de Israel tratar as estipulações pactuais em relação ao casamento misto.

Em quarto lugar, *Yahweh é o Deus misericordioso.* Esdras via a simples presença de um remanescente em Jerusalém como o penhor de algo ainda maior. Esdras 9:8,9 menciona não apenas a preservação do remanescente, mas o favor que este encontrara aos olhos dos reis da Pérsia. Ali, Yahweh é identificado como o Deus misericordioso.

Notas

[1] MACARTHUR, John. *Manual bíblico MacArthur*, p. 157.
[2] FONTELES, Gerson Lopes. *Bíblia, um estudo panorâmico e cronológico*, p. 118.
[3] ARNOLD, Bill T e BEYER, Bryan E. *Descobrindo o Antigo Testamento*, p. 266,267.
[4] MEARS, Henrietta. *Estudo Panorâmico da Bíblia*, p. 160,162.
[5] ARCHER JR, Gleason L. *Panorama do Antigo Testamento*, p. 519.
[6] MACDONALD, William. *Belierver's Bible Commentary*, p. 471.
[7] GALANT, Benjamim et al. *Bible Overview*, p. 72.
[8] PEARLMAN, Mayer. *Através da Bíblia*, p. 77.
[9] GALANT, Benjamim et al. *Bible Overview*, p. 72.
[10] DOBSON, Edward G. *Ezra*. In *The Complete Bible Commentary*, p. 435.
[11] Ibidem, p. 436.
[12] WILLMINGTON, Harold L. *Guia Willmington para a Bíblia*, p. 310.
[13] GALANT, Benjamin et al. *Bible Overview*, p. 74.
[14] RATA, Tiberius. *Esdras e Neemias*, p. 11.
[15] PEARLMAN, Myer. *Através da Bíblia*, p. 78,79.
[16] FEE, Gordon e STUART, Douglas. *Como ler a bíblia livro por livro*, p. 119.
[17] KIDNER, Derek. *Esdras e Neemias*, p. 16.
[18] MEARS, Henrietta. *Estudo panorâmico da Bíblia*, p. 164.
[19] WILLMINGTON, Harold L., p. 312.
[20] Ibidem, p. 313.
[21] GARDNER, Paul. *Quem é quem na Bíblia Sagrada*, p. 185.
[22] WILLMINGTON, Harold L. *Guia de Willmington para a Bíblia*, p. 313.
[23] GALANT, Benjamin et al. *Bible Overview*, p. 76.
[24] PINTO, Carlos Osvaldo Cardoso. *Foco & Desenvolvimento no Antigo Testamento*, p. 389,390.

[illegible]

[illegible] p. 16.

[illegible] p. 30.

[illegible]

[illegible] p. 24.

[illegible] p. 54.

[illegible] p. 18.

[illegible] p. 18.

[illegible] p. 187.

[illegible] p. 185.

[illegible]

Capítulo 1

Da Babilônia para Jerusalém

(Esdras 1:1-11)

A nação de Israel começa com seu patriarca Abraão. De Abraão procede Isaque, de Isaque, Jacó e deste as doze tribos de Israel. José levou sua família para o Egito. Ali, essa família composta de setenta pessoas multiplicou-se. Quatrocentos anos depois, Moisés é usado por Deus para libertar o povo da escravidão do Egito. Saíram de lá cerca de dois milhões de pessoas, ou seja, seiscentos mil homens, fora mulheres e crianças. Foram quarenta anos de peregrinação pelo deserto, sob a liderança de Moisés. Depois sete anos de conquista, sob a liderança de Josué.

Em seguida, o povo viveu cerca de trezentos e trinta anos no regime teocrático, no período dos juízes. A monarquia foi instituída em Israel, e, durante cento e vinte anos, sob os governos de Saul, Davi e Salomão tivemos um reino unido. Com a morte de Salomão em 931 a.C., o reino foi dividido, sendo que dez das doze tribos seguiram a liderança cismática de Jeroboão I, formando o Reino do Norte, cuja capital foi Samaria. O Reino do Norte, com dezenove reis e oito dinastias, durou até 722 a.C., quando a Assíria conquistou Samaria e esse reino jamais foi restabelecido.

O Reino do Sul, conhecido como Judá, formado pelas tribos de Judá e Benjamim ainda durou mais de um século. Mas, em 586 a.C., a Babilônia conquistou Jerusalém, destruiu o templo de Salomão e levou para o cativeiro grande parte do povo. Derek Thomas narra a tomada de Jerusalém assim:

> Embora Jerusalém tenha resistido ao cerco, no fim essa resistência provou ser em vão. Por volta do ano 586 a.C., às vésperas do colapso da cidade, as condições ali (incluindo a fome causada por um cerco de dezoito meses) levaram o rei Zedequias, o último rei do Reino do Sul, a fugir com os dois filhos. Ele foi capturado nos arredores de Jericó e levado, por 322 quilômetros, para Ribla, na Síria, base de Nabucodonosor para as campanhas ocidentais. Ali ele testemunhou a execução dos seus filhos pouco antes de ter os olhos perfurados pelos seus captores (2Rs 25:7). A execução deles foi a última coisa que ele viu. O pobre Zedequias foi levado em cadeias para a Babilônia, e nunca mais se ouviu falar dele. Seu fim também marcou o fim da monarquia em Israel. Um mês depois, quando os homens de Nabucodonosor voltaram para destruir metodicamente a cidade inteira, todas as pessoas importantes que ainda residiam na região também foram deportadas para a Babilônia. A noite havia caído sobre os reinos hebraicos [...]. Como nação, Israel havia deixado de existir; porém, ressurgiria, do outro lado do exílio babilônico, como algo diferente e menor.[1]

Demaray diz que o livro de Esdras contém duas narrativas distintas, separadas cronologicamente por um período de aproximadamente sessenta anos. Os capítulos 1-6 tratam da primeira fase da restauração, durante a qual o templo foi reconstruído sob a liderança de Zorobabel. Os quatro últimos capítulos narram a história do segundo retorno sob a liderança de Esdras, o escriba. A sua missão foi a de instruir os seus companheiros judeus na lei de Moisés, a fim de, desta forma, contribuir para o restabelecimento da verdadeira adoração a Deus em Jerusalém. Nessa segunda fase da restauração, Esdras, eventualmente, teve o apoio de um terceiro líder notável, Neemias, cuja história está contada no livro que leva o seu nome.[2]

O texto em apreço, Esdras 1:1-11, trata do decreto do rei Ciro e da volta da primeira expedição dos judeus da Babilônia para Jerusalém. Tiberius Rata divide este capítulo 1 de Esdras, assim: Deus desperta o coração de Ciro (1:1-4); Deus desperta o coração de seu povo (1:5-11).[3] Vejamos:

As razões do regresso da Babilônia para Jerusalém (1:1-4)

Ciro, o Grande, foi o fundador do Império Persa. Sob seu governo, a Pérsia desfrutou de grande expansão militar por meio do domínio da Média, da Lídia, da Jônia e até mesmo da Babilônia.[4]

Cerca de duzentos anos antes de seu nascimento, Ciro tinha sido chamado pelo nome pelo próprio Deus e separado para esse grande propósito: determinar o segundo êxodo na história do povo de Deus. Por meio do profeta Isaías, no oitavo século a.C., Deus o chamou de "meu pastor" (Is 44:28) e de "ungido do Senhor" (Is 45:1), apontando para o controle soberano de Deus, tanto da história quanto do coração de Ciro. Por meio do profeta Jeremias, Deus revelou que o exílio duraria setenta anos. O profeta Jeremias diz: "Toda esta terra virá a ser um deserto e um espanto; estas nações servirão ao rei da Babilônia setenta anos" (Jr 25:11). Esses setenta anos referem-se ao período entre a destruição do templo (586 a.C.) e o período em que foi reconstruído (516 a.C.). O decreto de Ciro pôs fim aos setenta anos do cativeiro babilônico. Esdras 1:1-4 é quase idêntico a 2 Crônicas 36:22,23.

Destacaremos, aqui, seis pontos importantes:

Em primeiro lugar, *o decreto do rei Ciro* (1:1). "No primeiro ano de Ciro, rei da Pérsia, para que se cumprisse a palavra do Senhor, por boca de Jeremias...". A Babilônia com toda a sua megalomania e poder, caiu nas mãos do Império Medo-Persa, em 539 a.C. Já no primeiro ano de Ciro, rei persa, o monarca passou um pregão autorizando os judeus a retornarem a Jerusalém para edificar a Casa do Senhor. Warren Wiersbe destaca que a política de Ciro em relação aos prisioneiros de guerra era oposta à dos babilônios, pois ele encorajou os judeus a retornarem a sua terra e a reconstruírem o templo.[5] Edward Dobson tem razão em dizer que o decreto de Ciro não era limitado apenas ao povo judeu. Incluía, também, todos os estrangeiros residentes do império. Isso estava de acordo com a nova política inaugurada por ele com relação a todos os povos desalojados. O profeta Daniel, ocupando alta posição no reinado de Dario, o medo, genro de Ciro, exerceu, consequentemente, influência sobre Ciro de tal maneira que este monarca tinha familiaridade com Yahweh e seus ensinos.[6]

O decreto de Ciro tem o propósito de cumprir a palavra do Senhor, por boca do profeta Jeremias. Deus escreve a história antes de ela acontecer. Promessa de Deus e realidade são a mesma coisa. Aquele que promete é fiel para cumprir sua promessa. A história não está à deriva. Deus determina os acontecimentos e eles acontecem. Os homens crentes ou descrentes são usados para cumprir os desígnios de Deus (At 2:23; 4:27,28).

Em segundo lugar, *a soberania de Deus* (1:1). "... despertou o Senhor o espírito de Ciro, rei da Pérsia, o qual fez passar pregão por todo o seu reino, como também por escrito". Quem decretou a volta dos exilados foi o rei Ciro; quem despertou Ciro para realizar essa façanha foi Deus. Ciro foi apenas o instrumento nas mãos de Deus. O agente final da ação não foi Ciro, mas Deus. Aqui vemos a soberania de Deus na história. Ele é quem tem o comando e é sua vontade que é estabelecida.

Em terceiro lugar, *a confissão de Ciro* (1:2). "Assim, diz Ciro, rei da Pérsia: O Senhor, Deus dos céus, me deu todos os reinos da terra...". Ciro era um rei pagão. Ele não cria nem adorava o Senhor, como Deus vivo e verdadeiro. Ele adorava Marduque. Como diz Thomas Derek, "provavelmente, Ciro era a favor da tolerância religiosa, tal como os romanos que vieram depois, ciente de que o povo exilado pode ser mais bem controlado se desfrutar dos seus direitos e liberdade religiosa. Ou talvez ele tivesse um espírito sincretista, acreditando que a benevolência para com o judaísmo o favoreceria no panteão dos deuses".[7] Porém, Ciro conhecedor ou não das profecias bíblicas, que inclusive o mencionavam pelo nome duzentos anos antes de seu nascimento, reconhece que o Deus dos exilados, é o Senhor, o Deus dos céus. Tiberius Rata diz que a expressão

"Deus dos céus" aparece nove vezes no Antigo Testamento, e todas as referências dizem respeito a Yahweh.[8]

Em quarto lugar, *a missão de Ciro* (1:2b). "... e me encarregou de lhe edificar uma casa em Jerusalém de Judá". O rei Ciro não apenas reconheceu o Deus dos exilados como o Deus dos céus, que lhe havia entregado nas mãos todos os reinos da terra, mas, também, recebeu dele a missão de enviar de volta a Jerusalém os exilados, com o propósito de ali edificar o templo. Derek Thomas tem razão em dizer que pode até ter sido Ciro quem emitiu um decreto para que os judeus retornassem para Jerusalém, mas de outro ponto de vista muito mais importante, isso foi ação do Senhor. Os propósitos são do homem, mas o desígnio é de Deus. Está escrito: "Despertou o Senhor o espírito de Ciro, rei da Pérsia" (1:1).[9] O mesmo autor ainda escreve:

> Qual é a explicação para o retorno dos judeus do exílio, em 538 a.C.? Uma resposta é que Ciro o decretou. A outra resposta é que Deus o decretou. Mas, por que Ciro e Deus decretaram que os judeus deveriam retornar a Jerusalém? Para Ciro, era tudo parte de uma política inteligente de repatriação. Porém, do ponto de vista de Deus, aquilo visava a cumprir uma promessa que havia sido feita em profecia: "... para que se cumprisse a palavra do Senhor, por boca de Jeremias" (1:1). A profecia em questão, à qual Daniel também alude (Dn 9:1,2), encontra-se em Jeremias 25:11,12; 29:10. Ela foi proferida pouco antes do exílio e declara que a duração do cativeiro seria de setenta anos.[10]

Em quinto lugar, *a ordem do retorno* (1:3). "Quem dentre vós é, de todo o seu povo, seja Deus com ele, e suba a Jerusalém de Judá e edifique a Casa do Senhor, Deus de Israel; ele é o Deus que habita em Jerusalém". Tiberius Rata diz, com acerto, que a palavra "todo", usada aqui, aponta para uma repatriação total, na qual todos os judeus, tanto do exílio assírio quanto do babilônico, são convidados a retornar à sua terra natal. Há aqui uma liberdade de escolha. O rei não exige o retorno, mas franqueia a possibilidade do retorno. Enquanto os babilônios governaram com mão de ferro, forçando seus súditos a adorar seus deuses, Ciro permitiu àqueles que conquistou que adorassem seus próprios deuses. Esse segundo êxodo, portanto, representa o renascimento da nação de Israel após o exílio.[11]

Outrossim, há aqui um endereço definido. Não é sair para quaisquer lugares, mas retornar para Jerusalém. Ainda, há aqui, um propósito definido, edificar a Casa do Senhor. O motivo é religioso. Pelas limitações teológicas do rei Ciro, ele declara que o Deus Yahweh habita em Jerusalém, mas na verdade o Senhor está em toda parte, pois é onipresente. Corroboro com o pensamento de Derek Thomas, quando escreve:

> Do ponto de vista dos exilados, foi reconfortante saber que Deus não os havia esquecido nem que estavam além do alcance dele. É uma bênção muito grande saber que, mesmo nos lugares mais sombrios, o Senhor pode sobrepujar políticos e líderes de modo a modificar os acontecimentos em favor da igreja de Jesus Cristo. Deus tinha um plano, e nem mesmo Ciro poderia impedi-lo; na verdade, Ciro era parte do plano. De um ponto de vista, os acontecimentos foram resultado de engenho e planejamento humanos; de outro ponto de vista, foram ocasionados pela mão de Deus. A iniciativa dos homens e a soberania de Deus são acontecimentos convergentes ou confluentes. Deus assegura que sua vontade, seu decreto soberano, aconteça (Ef 1:11; Gn 50:20; At 2:23).[12]

Em sexto lugar, *o suporte financeiro aos que retornarão* (1:4). "Todo aquele que restar em alguns lugares em que habita, os homens desse lugar o ajudarão com prata, ouro, bens e gado, afora as dádivas voluntárias para a Casa de Deus, a qual está em Jerusalém". Ciro não apenas abre as portas do exílio para os judeus voltarem, mas, também, determina que aqueles que ficarem, precisarão bancar os que retornarão. Eles irão a Jerusalém não de mãos vazias. Precisarão de recursos para a viagem e para a reconstrução do templo. Além das ofertas de seus irmãos para o retorno a Jerusalém, os peregrinos receberam ajuda do tesouro real, algo que Esdras menciona no capítulo 6. Derek Kidner diz que além destas dádivas voluntárias haveria pagamentos e verbas da tesouraria real, especificados num documento separado que acabou ficando no arquivo real. Esse registro haveria de desempenhar um papel real numa crise posterior, conforme relatado no capítulo 6; entrementes, a devolução integral dos vasos do templo forma o clímax do presente capítulo.[13]

O remanescente que se dispõe a retornar da Babilônia para Jerusalém (1:5,6)

O narrador registra:

> Então, se levantaram os cabeças de famílias e de Judá e de Benjamim, e os sacerdotes, e os levitas, com todos aqueles cujo espírito Deus despertou, para subirem a edificar a Casa do Senhor, a qual está em Jerusalém. Todos os que habitavam nos arredores os ajudaram com objetos de prata, com ouro, bens, gado e coisas preciosas, afora tudo o que, voluntariamente, se deu (1:5,6).

Essa primeira expedição, é composta de líderes das duas tribos levadas para o cativeiro, que compunham o Reino do Sul, mormente sacerdotes e levitas, bem como todos aqueles que foram despertados para Deus para cumprirem a honrosa missão de edificar o segundo templo. Assim, o remanescente que retorna é dividido em três classes: sacerdotes, levitas e leigos.

Destacamos três pontos importantes:

Em primeiro lugar, *um remanescente motivado por Deus* (1:5a). Essa primeira expedição, liderada por Zorobabel, é composta de líderes, de cabeças de famílias de Judá e Benjamim. É, também, composta de sacerdotes e levitas que passaram décadas sem poder exercer o seu ministério no exílio e que estavam ávidos por realizar o serviço para o qual haviam sido separados por Deus. Os demais que engrossaram as fileiras desses peregrinos não eram pessoas desmotivadas ou voluntárias, mas pessoas movidas pelo próprio Deus para ingressarem nessa missão de restauração da terra prometida.

Em segundo lugar, *um remanescente com uma missão de Deus* (1:5b). O propósito dessa missão estava meridianamente claro: construir a Casa do Senhor em Jerusalém. A vida de Israel deveria ser sempre centralizada em Deus. A nação tinha uma vocação santa para adorar ao Senhor. Então, eles não estavam voltando prioritariamente para cuidarem de seus negócios e buscarem riquezas; antes, estavam voltando para erguerem o templo e, assim, restaurarem a prática religiosa em Jerusalém. Concordo com Edward Dobson, quando escreve: "Pessoas com visão podem sempre realizar o impossível. Elas triunfam sobre perigos, hostilidade e oposição e emergem vitoriosamente".[14]

Em terceiro lugar, *um remanescente munido com a provisão de Deus* (1:6). Essa era uma viagem longa e perigosa. Os peregrinos precisavam de provisão para a viagem e para a reconstrução do templo. Quem partiu rumo a Jerusalém não foi de mãos de vazias. Ofertas voluntárias foram recolhidas. Ouro e prata foram destinados à caravana peregrina. Bens e coisas preciosas foram ofertados. Gado para a provisão da jornada foram provisionados.

A devolução dos utensílios da Casa do Senhor (1:7-11)

Os objetos devolvidos não eram meros utensílios de cozinha, mas instrumentos utilizados no templo e, portanto, sagrados. Somavam mais de cinco mil itens (1:11). O profeta Isaías já havia vaticinado que quando os exilados deixassem a Babilônia eles retornariam levando esses utensílios do templo (Is 52:11,12). Esses vasos foram profanados na Babilônia (Dn 5:2), mas, agora, estão sendo devolvidos, porque o Deus de Israel conta bacias e taças. Esse é o nível de sua cuidadosa supervisão. Destacamos, aqui, quatro pontos importantes:

Em primeiro lugar, *por que esses utensílios foram levados para a Babilônia?* (1:7). "Também o rei Ciro tirou os utensílios da Casa do Senhor, os quais Nabucodonosor tinha trazido de Jerusalém e que tinha posto na casa de seus deuses". Nabucodonosor é descrito como aquele que destruiu Jerusalém, queimou o templo e roubou seus bens (2Cr 36:18). O profeta Daniel é enfático em dizer, porém, que Nabucodonosor só saqueou o templo de Jerusalém e levou alguns dos utensílios da Casa de Deus para a terra de Sinear, para colocá-los na casa de seu deus e na casa de tesouro de seu deus porque o Senhor lhos entregou nas mãos (Dn 1:2). E por que Deus fez isso? Porque o povo desenvolveu uma crendice acerca do templo, considerando-o uma espécie de amuleto espiritual (Jr 7:4). Em vez de confiar no Deus do templo, o povo passou a confiar no próprio templo. Então, Deus entregou Jerusalém, o templo e o povo nas mãos de Nabucodonosor, como um ato de disciplina e juízo. Nabucodonosor colocou esses vasos do templo no seu templo pagão (2Cr 36:7; Dn 1:2).

O primeiro templo foi profanado e destruído. O segundo templo foi edificado e ampliado e, também, foi profanado e destruído. O Senhor estava apontado para a verdade de que nós, seu povo, somos o verdadeiro templo da habitação de Deus. O Espírito de Deus habita em nós. Somos o santuário do Espírito Santo. Somos a morada de Deus (1Co 3:16; 6:19,20).

Em segundo lugar, *por que Deus puniu a Babilônia por profanar esses utensílios?* (1:7). A Babilônia profanou esses vasos do templo, esses utensílios sagrados, colocando-os no templo de um deus pagão. Deus puniu a Babilônia quando o rei Belsazar trouxe essas taças e vasos sagrados para a sua festa de profanação (Dn 5:1-6) e adoração aos deuses pagãos (Dn 5:4). A consequência foi a morte do rei Belsazar naquela mesma noite e a queda da Babilônia nas mãos do grande general Dario, o medo (Dn 5:30,31).

Em terceiro lugar, *a devolução desses utensílios* (1:8). "Tirou-os Ciro, rei da Pérsia, sob a direção do tesoureiro Mitredate, que os entregou contados a Sesbazar, príncipe de Judá". O nome Sesbazar é, provavelmente, um nome caldeu como Zorobabel (2:2; 3:2,8; 4:3). Derek Kidner, porém, defende que Sesbazar e Zorobabel podem ter sido, respectivamente, o líder oficial e oficioso do empreendimento. Nenhum dos pontos de vista está isento de dificuldade.[15]

Zorobabel foi nomeado por Ciro como governador dos judeus que se estabeleceram na Palestina (5:14). Assim, o rei Ciro põe um fim na profanação dos objetos sagrados e os devolve para que cumpram seus verdadeiros propósitos na Casa de Deus, em Jerusalém. Ora, se Deus se preocupa com o número exato de pias de ouro e prata, então quanto mais se preocupa com a vida de homens e mulheres! Se Ele se importa com o pardal, quanto mais se importa com seu povo! Corroboro com o pensamento de Tiberius Rata: "Deus é quem está no comando da história. Deus pode superar todos os obstáculos humanos para realizar sua vontade e seu plano, mas, assim como na época de Esdras, Ele usa homens e mulheres piedosos e comprometidos, que estão dispostos a submeter-se à sua palavra".[16]

Em quarto lugar, *a descrição desses utensílios* (1:9-11). "Eis o número deles: trinta bacias de ouro, mil bacias de prata, vinte e nove facas, trinta taças de ouro, quatrocentas e dez taças de prata de outra espécie e mil outros objetos. Todos os utensílios de ouro e de prata foram cinco mil e quatrocentos; a todos estes levou Sesbazar, quando os do exílio subiram da Babilônia para Jerusalém". Esdras faz um inventário minucioso dos objetos devolvidos. As coisas aparentemente insignificantes têm importância para Deus. Ele se importa com bacias, taças e facas. Muito mais ele se importa com seu povo. Corrobora com esse pensamento William MacDonald, quando diz: "Se Deus cuida de tais detalhes, muito mais Ele cuida de seu povo".[17]

Esdras 1:11 encerra com o título deste capítulo: Da Babilônia para Jerusalém. Um novo tempo começa para o povo de Deus. Concordo com Derek Thomas, quando diz que Jerusalém passou a ser um símbolo da cidade de Deus, tal como a Babilônia passou a ser o símbolo da cidade do mundo caído. Mesmo sendo uma mera peregrinação para uma cidade em ruínas, a jornada lhe traria à mente a verdadeira natureza da promessa divina de uma "cidade que tem fundamentos, da qual Deus é o arquiteto e edificador" (Hb 11:10). Foi nesse clima que Agostinho de Hipona escreveu o grande livro "A cidade de Deus", no qual apresenta a história humana como um conflito entre "a cidade dos homens" e "a cidade de Deus". Apenas a segunda triunfará. As páginas finais das Escrituras registram a queda da Babilônia: "Caiu! Caiu a grande Babilônia" (Ap 18:2), ao mesmo tempo que registra a glória da Jerusalém celeste (Hb 12:22; Ap 21:9-27).[18]

Notas

1 THOMAS, Derek. *Esdras e Neemias*, p. 16.
2 DEMARAY, C. E. *O livro de Esdras*, p. 488.
3 RATA, Tiberius. *Esdras e Neemias*, p. 37.
4 Ibidem.
5 WIERSBE, Warren W. *Comentário Bíblico Wiersbe Antigo Testamento*, p. 414.
6 DOBSON, Edward G. *Ezra*. In *The Complete Bible Commentary*, p. 436.
7 THOMAS, Derek. *Esdras e Neemias*, p. 17.
8 RATA, Tiberius. *Esdras e Neemias*, p. 38.
9 THOMAS, Derek. *Esdras e Neemias*, p. 18.
10 THOMAS, Derek. *Esdras e Neemias*, p. 20.
11 RATA, Tiberius. *Esdras e Neemias*, p. 38,39.
12 THOMAS, Derek. *Esdras e Neemias*, p. 18.
13 KIDNER, Derek. *Esdras e Neemias: Introdução e Comentário*, p. 34.
14 DOBSON, Edward G. *Ezra*. In *The Complete Bible Commentary*, p. 436.
15 KIDNER, Derek. *Esdras e Neemias: Introdução e Comentário*, p. 35.
16 RATA, Tiberius. *Esdras e Neemias*, p. 42.
17 MACDONALD, William. *Believer's Bible Commentary*, p. 474.
18 THOMAS, Derek. *Esdras e Neemias*, p. 24,25.

Capítulo 2

Pessoas importam

(Esdras 2:1-70)

À PRIMEIRA VISTA, o capítulo 2 de Esdras, com uma vasta lista de nomes difíceis, parece ser um texto árido; e nossa primeira reação é pulá-lo e continuar a leitura no capítulo seguinte. Nas palavras de William Dumbrell, "Esdras 2 é um capítulo difícil".[1] Porém, esse é um dos textos mais importantes do livro de Esdras. Aqui estão registros genealógicos. Aqui está o censo do povo que, deixando as oportunidades da Babilônia, retornou para uma cidade destroçada, para um novo começo, marcado por coragem e fé. Esses são aqueles que darão continuidade à história da redenção.

O especialista em Novo Testamento Russell Norman Champlin (1933-2018) corrobora dizendo que esse capítulo lista laboriosamente aqueles que retornaram da Babilônia para Jerusalém, a fim de formar o novo Israel e iniciar o trabalho de reconstrução do segundo templo: 1) Os líderes, principais homens (2:1,2); 2) o povo em geral, listado por famílias, aldeias e cidades (2:3-35); 3) os sacerdotes, levitas e servidores do templo (2:36-58); 4) o povo que não podia provar sua descendência genealogicamente, povo comum e sacerdote (2:59-63); 5) o grande total (2:64); 6) homens e mulheres escravos, cantores e animais domésticos (2:65-67).[2]

Como interpretar esse texto? Como descobrir suas riquezas? Como podemos aprender lições práticas a partir dessa extensa lista de nomes? Cyril Barber nos ajuda citando o ilustre professor Howard Hendriksen: "Quando você estiver enfrentando um problema de interpretação, suba numa árvore contextual".[3]

O retorno do povo de Deus para Jerusalém, o segundo êxodo, demonstra a fidelidade do Deus da aliança.[4] No ano de 539 a.C., a Babilônia caiu nas mãos do Império Medo-Persa. O rei Ciro, no primeiro ano de seu reinado, emitiu o decreto permitindo que o povo judeu, exilado, retornasse para Jerusalém e reconstruísse o templo (1:2-4). O decreto é um cumprimento de profecias anteriores da Escritura (Is 44:2-4; 45:1; Jr 25:11; 29:10). Essas passagens de Jeremias foram de grande incentivo para Daniel nos últimos meses do cativeiro (Dn 9:1,2). As pessoas que retornaram foram aquelas "cujo espírito Deus despertou" (1:5).

A motivação para a volta era política, étnica e espiritual. Nas palavras de Thomas Derek, "para essas pessoas, as genealogias são uma garantia de que Israel não está à deriva num vácuo da presente geração, mas tem sua segurança e referências. Os grupos familiares são identificados como "filhos da província de Judá" (2:1). Resta claro, portanto, afirmar que a identidade nacional é assaz importante".[5] O exílio era um sinal do juízo de Deus, mas o retorno simbolizava que as promessas de Deus a Abraão e seus descendentes não haviam sido esquecidas.

A volta do remanescente (2:1-67)

É importante destacar que a maioria dos exilados permaneceu na Babilônia. O versículo 1 sugere que muitos judeus nunca retornaram à sua terra natal, e suas motivações não são apresentadas.[6] Alguns, como Mordecai e Ester, sessenta anos depois desse segundo êxodo, ocuparam posições de grande destaque na Pérsia. Porém, o foco do livro de Esdras é sobre aqueles que retornaram. Esses peregrinos foram uma espécie de remanescente segundo a eleição da graça (Rm 9:27; Ag 1:12,14). Eles reiniciaram a linda história do povo de Deus, não desprezando o dia dos pequenos começos (Zc 4:10). Matthew Henry é oportuno ao tratar dessa temática:

> Na obra de Deus, o dia dos humildes começos não deve ser desprezado. Mesmo que os instrumentos sejam fracos e improváveis, Deus muitas vezes os escolhe a fim de realizar coisas grandiosas. Assim como uma grande montanha transforma-se em planície na presença dele quando lhe apraz, também uma pequena pedra cortada [...] sem auxílio de mãos pode encher a terra (Dn 2:35). Embora o início seja pequeno, Deus pode fazer com que o fim seja grandiosamente multiplicado; um grão de mostarda pode transformar-se em uma grande árvore. Não despreze a luz do alvorecer, pois ela brilhará cada vez mais até ser dia perfeito. O dia dos humildes começos é o dia das coisas preciosas – e será o dia das coisas grandiosas.[7]

A lista de nomes aqui apresentada é a mesma de Neemias 7:6-73 com pouquíssimas exceções. Como afirma Warren

Wiersbe, esse registro segue grupos especiais: os líderes (2:1,2); algumas famílias específicas (2:3-19); algumas cidades específicas (2:20-35); os sacerdotes (2:36-39); os levitas (2:40-42); os servos do templo (2:43-54); os servos de Salomão (2:55-58); e as pessoas sem genealogia (2:59-63). Os versículos 64-70 apresentam o número total de homens e de animais: havia 49.897 pessoas registradas e uma multidão de animais.

A viagem de retorno foi perigosíssima. Eles seguiram o curso do rio Eufrates, num percurso de 1.300 quilômetros, através de imensos nevoeiros de areia e sujeitos a serem assaltados.[8] Essa viagem durou cinco meses (Ed 7:8,9).

Essa volta representou a manutenção da fé judaica no Deus vivo, com seus princípios que governam o mundo até hoje. Não era apenas um bando de escravos que retornava, mas uma civilização, com seus princípios doutrinários.[9] Esse acervo é o maior patrimônio da humanidade: são as riquezas espirituais e morais do povo eleito de Deus. A adoração era a razão de ser de Jerusalém.[10]

Destacaremos, aqui, alguns pontos importantes:

Em primeiro lugar, *os líderes que conduzem o remanescente* (2:1,2). "São estes os filhos da província que subiram do cativeiro, dentre os exilados que Nabucodonosor, rei da Babilônia, tinha levado para lá, e voltaram para Jerusalém e para Judá, cada um para a sua cidade, os quais vieram com Zorobabel, Jesua, Neemias, Seraías, Reelias, Mordecai, Bilsã, Mispar, Bigvai, Reum e Baaná. Eis o número dos homens do povo de Israel". Essa lista aponta onze homens que lideraram o povo de Judá, da Babilônia a Jerusalém. Porém, em Esdras 1:8 há a menção de Sesbazar, príncipe de Judá. Assim, temos doze líderes. Concordo com Derek Thomas, quando diz que não há como esse número ser irrelevante. O número 12 (tribos, apóstolos) é profundamente significativo. Esses líderes representam Israel, agora mais como igreja do que como nação. Deus já parece estar antecipando uma época em que a nação seria um mero passado histórico e que o povo de Deus se reuniria, em vez disso, como pessoas chamadas a ter comunhão umas com as outras e com o Senhor Jesus Cristo.[11] Nessa mesma linha de pensamento, Derek Kidner diz que a escolha de doze, como a dos doze apóstolos, era uma declaração tácita de que a comunidade que dirigiam não era um mero resto ou fragmento, mas, sim, a incorporação do povo de Israel e o herdeiro conjunto das promessas.[12]

Zorobabel é mencionado primeiro porque ele foi o governador de Judá depois de Sesbazar (Ag 1:1), e Deus o chama de "meu servo" (Ag 2:23). Ele encontra-se listado entre os descendentes de Davi (1Cr 3:19), e, de modo mais importante, ele aparece na genealogia de Jesus (Mt 1:12,13; Lc 3:27).[13] Jesua, filho de Jozadaque, era neto do último sumo sacerdote oficiante antes do exílio. Ele é o Josué de Ageu e Zacarias, a quem foi dado o sumo sacerdócio após o retorno (Zc 3:1-10). Deus mesmo levanta líderes e os capacita para fazer a sua obra. A vitória ou o fracasso de um povo decorre de sua liderança. Deus cumpriu sua palavra de disciplina bem como sua palavra de restauração. O cativeiro não anulou as promessas. O povo da promessa, representativamente, está de volta à cidade de Jerusalém para retomar sua vocação de um povo adorador. Precisamos destacar que o Neemias e o Mordecai aqui mencionados não são os mesmos personagens mencionados no livro de Neemias e Ester respectivamente.

Warren Wiersbe tem razão em dizer que, em termos geográficos, o Reino do Sul (Judá) abrangia somente as tribos de Judá e Benjamim; porém, ao longo dos anos, membros das outras dez tribos haviam se mudado para Judá, de modo que todas as doze tribos se encontravam representadas no cativeiro. Tem-se falado muito a respeito das chamadas "tribos perdidas de Israel", mas o Novo Testamento deixa claro que esse remanescente tinha representantes de todas as doze tribos (At 26:7; Tg 1:1). Esdras 2:70 diz "todo o Israel". Um dia, Jesus julgará as doze tribos de Israel (Lc 22:30).[14]

Em segundo lugar, *as famílias remanescentes que voltam para reconstruir a cidade* (2:3-61). Vejamos:

> Os filhos de Parós, dois mil cento e setenta e dois. Os filhos de Sefatias, trezentos e setenta e dois. Os filhos de Ara, setecentos e setenta e cinco. Os filhos de Paate-Moabe, dos filhos de Jesua-Joabe, dois mil oitocentos e doze. Os filhos de Elão, mil duzentos e cinquenta e quatro. Os filhos de Zatu, novecentos e quarenta e cinco. Os filhos de Zacai, setecentos e sessenta. Os filhos de Bani, seiscentos e quarenta e dois. Os filhos de Bebai, seiscentos e vinte e três. Os filhos de Azgade, mil duzentos e vinte e dois. Os filhos de Adonicão, seiscentos e sessenta e seis. Os filhos de Bigvai dois mil e cinquenta e seis. Os filhos de Adim, quatrocentos e cinquenta e quatro. Os filhos de Ater, da família de Ezequias, noventa e oito. Os filhos de Bezai, trezentos e vinte e três. Os filhos de Jora, cento e doze. Os filhos de Hasum, duzentos e vinte e três. Os filhos de Gibar, noventa e cinco. Os filhos de Belém, cento e vinte e três. Os homens de Netofa, cinquenta e seis. Os homens de Anatote, cento e vinte e oito. Os filhos de Azmavete, quarenta e dois. Os filhos de Quiriate-Arim, Quefira e Beerote, setecentos e quarenta e três. Os filhos de Ramá e de Geba, seiscentos e vinte e um. Os homens de Micmás, cento e vinte e dois. Os homens de Betel e Ai, duzentos e vinte e três. Os filhos de Nebo, cinquenta e dois. Os filhos de Magbis, cento e cinquenta e seis. Os filhos do outro Elão, mil duzentos e cinquenta e quatro. Os filhos de

Harim, trezentos e vinte. Os filhos de Lode, Hadide e Ono, setecentos e vinte e cinco. Os filhos de Jericó, trezentos e quarenta e cinco. Os filhos de Senaá, três mil seiscentos e trinta. Os sacerdotes: os filhos de Jedaías, da casa de Jesua, novecentos e setenta e três. Os filhos de Imer, mil e cinquenta e dois. Os filhos de Pasur, mil duzentos e quarenta e sete. Os filhos de Harim, mil e dezessete. Os levitas: os filhos de Jesua e Cadmiel, dos filhos de Hodavias, setenta e quatro. Os cantores: os filhos de Asafe, cento e vinte e oito. Os filhos dos porteiros: os filhos de Salum, os filhos de Ater, os filhos de Talmom, os filhos de Acube, os filhos de Hatita, os filhos de Sobai; ao todo, cento e trinta e nove. Os servidores do templo: os filhos de Zia, os filhos de Hasufa, os filhos de Tabaote, os filhos de Queros, os filhos de Sia, os filhos de Padom, os filhos de Lebana, os filhos de Hagaba, os filhos de Acube, os filhos de Hagabe, os filhos de Sanlai, os filhos de Hanã, os filhos de Gidel, os filhos de Gaar, os filhos de Reaías, os filhos de Rezim, os filhos de Necoda, os filhos de Gazão, os filhos de Uzá, os filhos de Paseia, os filhos de Besai, os filhos de Asná, os filhos dos meunitas, os filhos dos nefuseus, os filhos de Baquebuque, os filhos de Hacufa, os filhos de Harur, os filhos de Baslute, os filhos de Meída, os filhos de Harsa, os filhos de Barcos, os filhos de Sísera, os filhos de Temá, os filhos de Nesias, os filhos de Hatifa. Os filhos dos servos de Salomão: os filhos de Sotai, os filhos de Soferete, os filhos de Peruda, os filhos de Jaala, os filhos de Darcom, os filhos de Gidel, os filhos de Sefatias, os filhos de Hatil, os filhos de Poquerete-Hazebaim e os filhos de Ami. Todos os servidores do templo e os filhos dos servos de Salomão, trezentos e noventa e dois. Também estes subiram de Tel-Melá, Tel-Harsa, Querube, Adã e Imer, porém não puderam provar que as suas famílias e a sua linhagem eram de Israel: os filhos de Delaías, os filhos de Tobias, os filhos de Necoda, seiscentos e cinquenta e dois. Também dos filhos dos sacerdotes: os filhos de Habaías, os filhos de Coz, os filhos de Barzilai, que se casara com uma das filhas de Barzilai, o gileadita, e que foi chamado do nome dele (2:3-61).

Essa primeira leva de judeus que retorna é dividida por famílias, lugares e profissões. O crescimento não pode ser desordenado. Como, então, ele foi feito?

Primeiro, por famílias (1:3-20). Essa lista representa os chefes de clãs regionais, antigos chefes do povo. Aqui são listados os nomes de dezoito famílias de judeus, num total de 15.604 homens. Esses diversos clãs familiares congregam-se em Jerusalém "como um só homem" (3:1). Nas palavras de Derek Thomas, "eles retornam com um único propósito: reconstruir o templo e restabelecer o culto de acordo com as diretrizes de Deus".[15]

Segundo, por cidades (2:21-35). Os filhos de Gibeom (Gibar), de Belém, de Anatote, de Betel até os filhos de Jericó. Vemos aqui como cada cidade deu os seus varões ilustres para o serviço da nação. Assim, os voluntários foram relacionados de acordo com vinte e uma cidades e vilas, num total de 8.540 homens.

Terceiro, por lista de sacerdotes (2:36-39). Israel tinha um profundo respeito e cuidado com os ancestrais. A linha sacerdotal, desde que instituída por Moisés, ainda se mantinha intacta. Os sacerdotes e levitas eram especialmente importantes para a nação, pois sem eles não haveria motivo algum para reconstruir o templo.

Quarto, por lista de levitas (2:40-42). Apenas 342 levitas regressaram a Judá, quando o número deveria ser de milhares. Esdras registra o seu empenho para trazer os levitas (8:15-20). Entre os levitas estavam os cantores e os porteiros. Os levitas também ajudavam os sacerdotes na tarefa de ensinar o povo as leis do Senhor (Dt 33:8-10; Ne 8:5-8). Concordo com Derek Thomas, quando diz que os levitas, os cantores e os porteiros teriam de esperar para ministrar. Eles retornaram porque tinham fé de que o templo seria reconstruído e que seus serviços seriam necessários. E, mesmo assim, suas tarefas eram servis – muitas vezes, despercebidas.[16]

Quinto, por lista dos servidores do templo (2:43-54). Esses cuidavam dos tesouros do templo, no que concernia o sustento dos sacerdotes. Os 392 servidores do templo eram homens que serviam no templo, sem ser levitas nem sacerdotes.

Sexto, por lista dos servidores de Salomão (2:55-58). Eram usados em serviços seculares e pesados, como rachadores de lenha, puxadores de água. Derek Thomas é oportuno quando escreve:

> Todos esses fatos nos lembram de que o serviço na igreja de Cristo não precisa ser glamoroso para ser notado por Deus. Muito pelo contrário, ele pode ser pequeno a ponto de não ser notado por ninguém – algo que costuma ser fonte de irritação e ressentimento. Entretanto, nada do que fazemos para o Senhor passa despercebido por ele. Até mesmo um copo de água fria oferecido em nome de Jesus é notado e reconhecido (Mt 10:42). Nossa motivação é agradar a Jesus, não receber adulação dos homens.[17]

Sétimo, por lista dos que perderam a linhagem (2:62-63). "Estes procuraram o seu registro nos livros genealógicos, porém, não o acharam; pelo que foram tidos por imundos para o sacerdócio. O governador lhes disse que não comessem das coisas sagradas, até que se levantasse um sacerdote com Urim e Tumim". Aqueles cujos nomes não foram encontrados nos registros genealógicos e não puderam provar sua linhagem araônica, foram considerados imundos e não puderam exercer o sacerdócio. Havia pessoas que não podiam provar sua ascendência com precisão

– quer sua origem em Israel de modo geral, quer sua origem na tribo sacerdotal de modo específico. Elas não tinham acesso aos registros genealógicos.[18] Concordo com Tiberius Rata, quando diz que alguns destes eram prosélitos, uma vez que não puderam nem mesmo provar que "pertenciam a Israel" (2:59b).[19]

Em terceiro lugar, *a reconstrução da cidade de Deus precisa ser feita de acordo com os preceitos bíblicos* (2:62,63). O sacerdócio não podia ser exercido por alguém que não fosse da descendência de Arão: "... nenhum estranho, que não for da descendência de Arão, se chegue para acender incenso perante o Senhor; para que não seja como Coré e o seu grupo, como o Senhor tinha dito a Moisés" (Nm 16:40). Se o sacerdócio estiver corrupto, sua influência finalmente destruirá a fibra moral e espiritual do povo. Um sacerdócio puro é fundamental se o povo quer ter um relacionamento correto com Deus.[20] Deus deixou claro que qualquer pessoa desqualificada que tentasse servir no altar seria morta (Nm 1:51; 3:10). Mais de 600 pessoas não foram capazes de comprovar sua linhagem judaica (as cidades mencionadas ficavam na Babilônia e não em Judá). Zorobabel e Josué não mandaram essas pessoas de volta; antes, permitiram que tivessem os direitos de "forasteiros e estrangeiros" (Êx 22:21,24; 23:9; Lv 19:33,34; Dt 10:18; 14:29).[21]

Isso tem uma profunda aplicação hoje: Muitos pastores não podem provar que pertencem ao povo de Deus. Nem todos os de Israel são verdadeiros israelitas. Muitos daqueles que sobem aos púlpitos evangélicos não dão prova de novo nascimento. Alguns deles estão envolvidos com falsas doutrinas. Destilam não o néctar da verdade, mas alimentam o povo com o absinto da heterodoxia e a palha de doutrinas de homens. Outros, ainda, espalham a partir das cátedras e dos púlpitos o mais letal veneno da heresia, pisoteando a verdade e devorando como lobos o rebanho. Esses náufragos na fé, mentores de enganos, casam-se com falsas doutrinas e corrompem o sacerdócio.

Em quarto lugar, *a cidade de Deus precisa crescer pela participação de cada um de acordo com a sua função* (2:64-67).

> Toda esta congregação junta foi de quarenta e dois mil trezentos e sessenta, afora os seus servos e as suas servas, que foram sete mil trezentos e trinta e sete; e tinham duzentos cantores e cantoras. Os seus cavalos, setecentos e trinta e seis; os seus mulos, duzentos e quarenta e cinco; os seus camelos, quatrocentos e trinta e cinco; os jumentos, seis mil setecentos e vinte (2:64-67).

Cada um devia exercer o seu trabalho de acordo com o chamado de Deus, de acordo com sua vocação: os sacerdotes, os levitas, os servidores do templo, os servos de Salomão. Cada um conhecia a sua vocação e desempenhava o seu trabalho. O crescimento da igreja exige a participação de todos. Todos são importantes. Neemias tanto chama pelo nome os líderes, os sacerdotes, como também os servos. Cada um de nós tem um trabalho especial a realizar para o crescimento da igreja. Os dons são diversos, mas o corpo é o mesmo. Há uma diversidade de dons, mas uma unidade de propósito. Nesse projeto, somos parceiros e não rivais, trabalhamos todos para a glória de Deus e a expansão do seu Reino.

Tiberius Rata chama a atenção para o fato de que o total apresentado no versículo 64 é de cerca de 11.000 a mais do que a soma dos números anteriores. A discrepância pode ser explicada pelo fato de que suas esposas respectivas foram incluídas no número total. Embora pareça um número pequeno em comparação com o total, é possível que a maioria dos repatriados fosse de jovens solteiros do sexo masculino.[22] Demaray, por sua vez, destaca que os judeus que retornaram a Jerusalém podem ser considerados um pequeno grupo em comparação aos que permaneceram na Pérsia. A história de Ester que ocorreu cerca de sessenta anos mais tarde, nos dá uma ideia da grande população de judeus que ainda permaneceram, naquela ocasião, na região persa.[23]

A liderança investe na obra (2:68-70)

O crescimento da igreja de Deus é uma tarefa de todos. A construção do templo e o crescimento da cidade de Jerusalém lança alguns princípios importantes para nós:

Em primeiro lugar, o exemplo da liderança espiritual (2:68,69).

> Alguns dos cabeças de famílias, vindo à Casa do Senhor, a qual está em Jerusalém, deram voluntárias ofertas para a Casa de Deus, para a restaurarem no seu lugar. Segundo os seus recursos, deram para o tesouro da obra, em ouro, sessenta e um mil daricos, e, em prata, cinco mil arráteis, e cem vestes sacerdotais (2:68,69).

Os exilados retornaram com os presentes que haviam recebido para a obra de reconstrução. Os presentes dados pelos chefes de famílias eram ouro e prata, além de "vestes sacerdotais". Derek Thomas diz que duas coisas são dignas de nota: 1) Eles deram segundo os seus recursos (2:69). Esse é o mesmo método usado pelo apóstolo Paulo na coleta feita entre as igrejas gentílicas para os pobres da Judeia (1Co 16:2). A atitude de dar deve ser proporcional à riqueza da pessoa (2Co 8:12); 2) Convertendo as antigas medidas de "daricos" e "arráteis" para valores atuais, os israelitas ofereceram 256 quilos de ouro e mais de 3.000 quilos de prata para a reconstrução do templo.[24]

Se queremos ver a obra de Deus prosperando, os líderes precisam ser os primeiros a participar, inclusive na contribuição financeira. Os chefes de famílias deram voluntariamente, generosamente. O povo apresentou suas ofertas alegremente, de acordo com suas posses, sendo essa a forma correta de o povo de Deus contribuir ainda nos dias de hoje (2Co 8:8-15; 9:6-15). De acordo com Neemias 7:70-72, tanto os líderes das tribos quanto o governador Zorobabel fizeram ofertas generosas, e o povo em geral seguiu o bom exemplo de seus líderes.[25]

Em segundo lugar, *o estabelecimento na terra* (2:70). "Os sacerdotes, os levitas e alguns do povo, tanto os cantores como os porteiros e os servidores do templo habitaram nas suas cidades, como também todo o Israel".

Concluímos este capitulo, afirmando que em 539 a.C. temos o segundo êxodo de Israel. Há semelhanças entre os dois êxodos. Em ambos Deus compele um rei estrangeiro a mandar o povo embora do cativeiro. Faraó e Ciro foram os instrumentos nas mãos de Deus. Em ambos os vizinhos lhes dão vasos de ouro e prata (1:6; 2:65-67; Êx 12:38). Em ambos o propósito é adoração ao Senhor (Êx 3:12, Ed 1:3;). Ainda hoje Deus está à procura de adoradores que o adorem em espírito e em verdade (Jo 4:23,24). Derek Thomas tem razão em dizer que os homens e mulheres que regressaram para Jerusalém estavam determinados a despedir-se do mundo e a restaurar a verdadeira adoração bíblica.[26]

NOTAS

1 DRUMBELL, William J. *The Faith of Israel.* Apollos, p. 268.

2 CHAMPLIN, Russell N. *O Antigo Testamento Interpretado Versículo por Versículo.* Vol. 3, p. 353.

3 Cyril J. Barber. *Neemias e a dinâmica da liderança eficaz*, p. 99.

4 THOMAS, Derek. *Esdras e Neemias*, p. 29.

5 Ibidem, p. 30.

6 RATA, Tiberius. *Esdras e Neemias*, p. 43.

7 HENRY, Matthew. *Matthew Henry's Commentary on the whole Bible*, p. 1:419.

8 Antonio Neves de Mesquita. *Estudo nos livros de Crônicas, Esdras, Neemias e Ester*, p. 223.

9 Ibidem, p. 224.

10 Derek Kidner. *Esdras e Neemias*, p. 111.

11 THOMAS, Derek. *Esdras e Neemias*, p. 32.

12 KIDNER, Derek. *Esdras e Neemias: Introdução e Comentário*, p. 38.

13 RATA, Tiberius. *Esdras e Neemias*, p. 44.

14 WIERSBE, Warren W. *Comentário Bíblico Wiersbe Antigo Testamento*, p. 414,415.

15 THOMAS, Derek. *Esdras e Neemias*, p. 33.

16 Ibidem.

17 Ibidem, p. 34.

18 Ibidem.

19 RATA, Tiberius. *Esdras e Neemias*, p. 48.

20 Cyril J. Barber. *Neemias e a dinâmica da liderança eficaz*, p. 103.

21 WIERSBE, Warren W. *Comentário Bíblico Expositivo*. Vol. 2, p. 590.

22 RATA, Tiberius. *Esdras e Neemias*, p. 49.

23 DEMARAY, C. E. *O livro de Esdras*, p. 492.

24 THOMAS, Derek. *Esdras e Neemias*, p. 35.

25 WIERSBE, Warren W. *Comentário Bíblico Expositivo*. Vol. 2, p. 591.

26 THOMAS, Derek. *Esdras e Neemias*, p. 37.

Capítulo 3

Adoração, a missão principal do povo de Deus

(Esdras 3:1-13)

Os REPATRIADOS AO CHEGAREM em Jerusalém tiveram como atividade primeira a construção do altar. Eles entenderam a importância da adoração por meio de sacrifícios.[1]

Adoração, o fim principal do homem (3:1-6a)

O remanescente que volta a Jerusalém, por ordem de Ciro, rei da Pérsia, não é mais uma nação, mas uma congregação de adoradores. Eles retornam com uma missão, edificar a casa de Deus em Jerusalém (1:2). Precipuamente não voltam para edificar casas e cultivar os campos; voltam para construir o templo e restabelecem a adoração. Destacamos quatro pontos importantes aqui:

Em primeiro lugar, *a prioridade da adoração* (3:1). "Em chegando o sétimo mês, e estando os filhos de Israel já nas cidades, ajuntou-se o povo, como um só homem, em Jerusalém". Logo que os exilados chegaram a Jerusalém, já foram convocados para se reunir "como um só homem" em Jerusalém. E por que deveriam fazer isso, numa cidade que estava arruinada, com os muros quebrados, as portas queimadas a fogo? Por que deveriam se reunir em Jerusalém, se o templo de Salomão era apenas um montão de ruínas? Eles foram convocados para adorar ao Senhor. Foram chamados para prestar culto ao Senhor. A missão prioritária do povo de Deus não é fazer missões; é adoração. Fazemos missões para que os povos adorem a Deus. O homem não é o centro do universo, Deus é. Deus vem antes da obra de Deus. Porque nos deleitamos nele, fazemos a obra dele. Demaray interpreta corretamente quando diz que mais importante que construir o templo era restabelecer a verdadeira adoração a Deus, representada pela edificação do altar. A resposta ao medo que sentiram "dos povos da terra" (3:3) não era em termos de armas ou de fortalezas, mas sim em colocar Deus em primeiro lugar, ao construir de novo o seu altar, até mesmo antes de providenciar casas para as suas famílias.[2]

John Piper, em seu livro *Let the Nations be Glad! A Supremacia de Deus nas Missões,* é enfático ao mostrar que as missões não são o objetivo último da igreja. A adoração, sim. As missões existem porque não há adoração. Quando o dia final chegar, e os incontáveis milhões de remidos se prostrarem perante o trono de Deus, não haverá mais missões. Essa é uma necessidade temporária. Porém, a adoração permanecerá para sempre. Portanto, a paixão por Deus na adoração precede a apresentação de Deus na pregação.[3]

Em segundo lugar, *a primazia do culto* (3:2a). "Levantou-se Jesua, filho de Jozadaque, e seus irmãos, sacerdotes, e Zorobabel, filho de Sealtiel, e seus irmãos e edificaram o altar do Deus de Israel...". O altar aqui referido é o altar de bronze, o altar do holocausto, onde os animais eram oferecidos em sacrifício. Esse altar ficava do lado de fora do templo, no pátio dos sacerdotes. Nesse altar o sacrifício pelo pecado era feito. O sangue era derramado, simbolizando a verdade que sem derramamento de sangue não há remissão de pecados (Lv 17:11; Hb 9:22). Esse altar aponta para o Messias que viria como o Cordeiro de Deus que tira o pecado do mundo. Aponta para a cruz, onde Cristo Jesus foi imolado pelos nossos pecados. Na cruz, Jesus sofreu a punição do nosso pecado bem como satisfez completamente a justiça de Deus. O levantamento desse altar aponta, portanto, para a primazia do culto. Concordo com Derek Thomas, quando escreve:

> Nada era mais importante do que a adoração – nem mesmo casas, famílias ou trabalho. A adoração (ou culto) era a prioridade. Foi por esse motivo que Deus havia reunido os judeus como povo. Esse era o objetivo ou a finalidade principal da existência deles: glorificar a Deus e gozá-lo para sempre.[4]

Em terceiro lugar, *as prescrições do culto* (3:2b,3). "... para sobre ele oferecerem holocausto, como está escrito na lei de Moisés, homem de Deus. Firmaram o altar sobre as suas bases; e, ainda que estavam sob o terror dos povos de outras terras, ofereceram sobre ele holocaustos ao Senhor, de manhã e à tarde". Esdras trouxe em sua bagagem uma cópia do livro da lei de Moisés. Foi o afastamento do povo da lei de Moisés que resultou no cativeiro babilônico. Agora, é mister observar os preceitos da lei. Portanto, eles cuidaram para que o culto que prestariam ao Senhor em Jerusalém fosse de acordo com o que estava escrito na lei de Moisés, homem de Deus. O homem não tem o direito de adorar a Deus segundo a inclinação de seu coração. Deus mesmo estabeleceu a maneira como requer ser adorado. O culto é bíblico ou anátema. O culto não é centrado no homem, mas em Deus. Não é segundo o gosto ou preferência do homem, mas conforme as prescrições divinas. No que concerne ao culto a Deus, o homem não pode inovar; ele precisa seguir o que Deus prescreveu em sua palavra.

Em quarto lugar, *o foco do culto* (3:4-6a). O escritor inspirado registra:

> Celebraram a Festa dos Tabernáculos, como está escrito, e ofereceram holocaustos diários, segundo o número ordenado para cada dia; e, depois disto, o holocausto contínuo e os sacrifícios das Festas da Lua Nova e de todas as festas fixas do Senhor, como também os dos que traziam ofertas voluntárias ao Senhor. Desde o primeiro dia do sétimo mês, começaram a oferecer holocaustos ao Senhor..." (3:4-6a).

William MacDonald diz que no sétimo mês, que era o começo do ano civil, os repatriados judeus se reuniram em Jerusalém para celebrar a festa dos Tabernáculos.[5] Edwin Yamauchi destaca que o sétimo mês é Tisri, ou seja, cerca de três meses depois da chegada dos exilados em Jerusalém. Tisri é um dos mais sagrados meses do ano judaico. O primeiro dia é dia do Ano Novo, o primeiro dia do calendário civil, proclamado ao som de trombeta e uma santa convocação (Lv 23:24). Dez dias depois o Dia da Expiação (Yom Kippur) é observado (Lv 23:27). Do décimo quinto ao vigésimo segundo dia, a Festa dos Tabernáculos é celebrada (Lv 23:34-36). Os judeus se reuniram em Jerusalém nesse dia como um só homem, demonstrando a unidade de Israel.[6]

É digno de destaque que a primeira coisa que fizeram depois de edificar o altar foi celebrar a Festa dos Tabernáculos (3:4). Essa festa assinalava o início do ano agrícola. Tiberius Rata diz que a Festa dos Tabernáculos começava no dia 15 de Tisri (setembro/outubro), e era principalmente uma festa de ação de graças, mostrando gratidão pela provisão de Deus (Êx 34:22). Essa festa foi observada durante o período pós-exílico (3:4; Zc 14:16,18,19) e durante o período da igreja primitiva. Essa é a única festa para a qual os israelitas receberam a ordem de se alegrar no Senhor (Lv 23:40).[7] Durante um período de sete dias em Jerusalém, cada família se reunia em cabanas, abrigos temporários, para lembrarem a peregrinação no deserto (Lv 23:33-43) e para agradecerem a Deus as colheitas e lembrarem que o sustento da vida deles dependia totalmente de Deus. A Festa dos Tabernáculos eram uma das três mais importantes do calendário hebraico. A Páscoa, na primavera; a Festa das Semanas, no verão; e a Festa dos Tabernáculos, no outono.

Concordo com Derek Thomas quando diz que originalmente a Festa dos Tabernáculos preanunciava a verdadeira Terra Prometida; afinal, ela era celebrada mesmo quando os israelitas já habitavam na Terra Prometida terrena. Do Egito, bem como das outras nações vizinhas, haverá aqueles que "subirão de ano em ano para adorar o Rei, o Senhor dos Exércitos, e para celebrar a Festa dos Tabernáculos" (Zc 14:16). Isso se assemelha a uma imagem que Isaías havia descrito antes do exílio (Is 2:2,3). Temos, aqui, a imagem das nações indo a Cristo e celebrando a Festa dos Tabernáculos, relembrando que são peregrinos a caminho de outra cidade: a cidade da Nova Jerusalém.[8] As cabanas eram apenas para lembrá-los de que eram peregrinos neste mundo e que mesmo retornando a Jerusalém ainda não estavam em casa. Um dia, estariam em casa, junto com o povo reunido de Deus proveniente de "cada nação, e tribo, e língua, e povo" (Ap 14:6).[9]

A construção do templo, o empenho de todos (3:6b-13)

Os peregrinos e forasteiros deixaram a Pérsia e retornaram a Jerusalém por intervenção direta de Deus, que moveu o espírito de Ciro. Voltaram com a missão de reconstruir o templo. O culto estava no centro da vida deles. Destacamos, aqui quatro lições:

Em primeiro lugar, *a casa de Deus requer o melhor* (3:6b,7). "... porém, ainda não estavam postos os fundamentos do templo do Senhor. Deram, pois, o dinheiro aos pedreiros e aos carpinteiros, como também comida, bebida e azeite aos sidônios e tírios, para trazerem do Líbano madeira de cedro ao mar, para Jope, segundo a permissão que lhes tinha dado Ciro, rei da Pérsia". Os construtores precisam de madeira e madeira nobre. Esse tipo de madeira não tinha em Israel; apenas nos territórios do norte. O cedro só podia ser encontrado no Líbano. Então, os pedreiros e carpinteiros receberam dinheiro para comprar dos sidônios e tírios, o cedro procedente do Líbano, que deveria chegar a Israel, no porto de Jope. À semelhança do templo de Salomão, eles providenciaram o melhor material para a construção do templo. O Senhor merece o melhor. Na casa de Deus tudo deve ser feito com excelência.

Em segundo lugar, *a obra de Deus exige o empenho de todos* (3:8,9). O texto bíblico é claro:

> No segundo ano da sua vinda à Casa de Deus, em Jerusalém, no segundo mês, Zorobabel, filho de Sealtiel, e Jesua, filho de Jozadaque, e outros seus irmãos, sacerdotes e levitas, e todos os que vieram do cativeiro a Jerusalém começaram a obra da Casa do Senhor e constituíram levitas da idade de vinte anos para cima, para a superintenderem. Então, se apresentaram Jesua com seus filhos e seus irmãos, Cadmiel e seus filhos, os filhos de Judá, para juntamente vigiarem os que faziam a obra na Casa de Deus, bem como os filhos de Henadade, seus filhos e seus irmãos, os levitas (3:8,9).

A construção do templo, assim como mais tarde, a reconstrução dos muros de Jerusalém, exigiu a participação de todos. Governantes e governados, sacerdotes e levitas, homens e mulheres, todos precisam se envolver. Há trabalho para todos. Ninguém pode ficar de fora. Concordo com Derek Thomas, quando diz que o sucesso na obra depende do entusiasmo coletivo, do trabalho em equipe e da organização e talento aplicado com eficácia.[10] Warren Wiersbe destaca a importância desse empenho de todos. O povo se ajuntou (3:1); os trabalhadores se apresentaram juntos (3:9); os levitas cantaram em coro (3:11) e o povo trabalhou o tempo todo em conjunto para lançar os alicerces. Suas tarefas variavam, mas todos tinham diante de si um só objetivo: glorificar ao Senhor ao reconstruir seu templo.[11]

Em terceiro lugar, *a obra de Deus suscita grande alegria* (3:10,11). Leia o texto:

> Quando os edificadores lançaram os alicerces do templo do Senhor, apresentaram-se os sacerdotes, paramentados e com

> trombetas, e os levitas, filhos de Asafe, com címbalos, para louvarem o Senhor, segundo as determinações de Davi, rei de Israel. Cantavam alternadamente, louvando e rendendo graças ao Senhor, com estas palavras: Ele é bom, porque a sua misericórdia dura para sempre sobre Israel. E todo o povo jubilou com altas vozes, louvando ao Senhor por se terem lançado os alicerces da sua casa (3:10,11).

O lançamento dos alicerces do templo do Senhor abriu as celebrações jubilosas, lideradas pelos sacerdotes e levitas. O povo está com o coração em festa e a alma embandeirada. Um sentimento de regozijo toma conta todos. Os cantores rendem graças ao Senhor destacando sua bondade e sua misericórdia. A Escritura diz que a alegria do Senhor é a nossa força. A alegria é o apanágio do cristão. O evangelho é boa nova de grande alegria. O reino de Deus é alegria no Espírito Santo. O fruto do Espírito é alegria e a ordem de Deus é alegrai-vos.

Em quarto lugar, *a nostalgia quanto ao passado pode tirar o brilho do presente* (3:12,13). O capítulo 3 de Esdras encerra, assim:

> Porém muitos dos sacerdotes, e levitas, e cabeças de famílias, já idosos, que viram a primeira casa, choraram em alta voz quando à sua vista foram lançados os alicerces desta casa; muitos, no entanto, levantaram as vozes com gritos de alegria. De maneira que não se podiam discernir as vozes de alegria das vozes do choro do povo; pois o povo jubilava com tão grandes gritos, que as vozes se ouviam de mui longe (3:12,13).

Infelizmente, a construção do segundo templo de Jerusalém começou com entusiasmo e terminou com estagnação. A construção durou vinte anos, não por causa da dificuldade da tarefa, mas porque as pessoas perderam de vista o objetivo.[12] Aqueles que foram exilados e retornaram, lembravam-se da magnificência do primeiro templo e com nostalgia e saudosismo, choraram em alta voz, enquanto os mais jovens que haviam pisado em Jerusalém pela primeira vez, e não conheciam a exuberância do primeiro templo, levantavam a voz com gritos de alegria. O choro e a alegria se misturaram a tal ponto, que não se conseguia discernir o que era tristeza e o que era alegria. Tiberius Rata diz que o choro das pessoas mais velhas entrou em conflito com os gritos de alegria de quem via o lançamento do fundamento não como uma decepção, mas como uma grande conquista.[13] Derek Thomas tem razão em dizer que esse mesmo espírito ainda está conosco, o espírito de ingratidão, incapaz de contar as bênçãos que temos hoje. É mais fácil glamorizar o passado do que nos entusiasmar com o presente. Na época de Ageu, os mais velhos diziam que a construção do templo era "como nada" (Ag 2:3). Poucas coisas na igreja atrapalham mais do que uma geração mais velha que menospreza os esforços da geração mais nova, dizendo coisas do tipo: "Nós não teríamos feito assim nossa época".[14] Concordo com C. E. Demaray, quando escreve: "Podemos desperdiçar as bênçãos de hoje se mantivermos os olhos no passado".[15]

NOTAS

[1] RATA, Tiberius. *Esdras e Neemias*, p. 56.

[2] DEMARAY, C. E. *O livro de Esdras*, p. 492, 493.

[3] PIPER, John. *Let the Nations be Glad! The Supremacy of God in Missions*, p. 17.

[4] THOMAS, Derek. *Esdras e Neemias*, p. 42.

[5] MACDONALD, William. *Believer's Bible Commentary*, p. 474.

[6] YAMAUCHI, Edwin. *Esra*. In *Zondervan NIV Bible Commentary*, p. 688.

[7] RATA, Tiberius. *Esdras e Neemias*, p. 57.

[8] THOMAS, Derek. *Esdras e Neemias*, p. 47.

[9] Ibidem, p. 47, 48.

[10] Ibidem, p. 51.

[11] WIERSBE, Warren W. *Comentário Bíblico Expositivo*. Vol. 2, p. 592.

[12] THOMAS, Derek. *Esdras e Neemias*, p. 51, 52.

[13] RATA, Tiberius. *Esdras e Neemias*, p. 60.

[14] THOMAS, Derek. *Esdras e Neemias*, p. 55.

[15] DEMARAY, C. E. *O livro de Esdras*, p. 493.

Capítulo 4

Os ataques dos inimigos da obra

(Esdras 4:1-24)

A REALIZAÇÃO DA OBRA de Deus agrada ao Senhor e enfurece os inimigos. Sempre que alguém se levanta para executar um projeto que visa a glória de Deus, o inimigo se assanha e levanta severa oposição. Na construção do segundo templo de Jerusalém não foi diferente. A oposição à reconstrução de Jerusalém e a edificação do templo é assunto recorrente nos livros de Esdras e Neemias. Os profetas Ageu e Zacarias, também, tratam de forma contundente dessa matéria.

Derek Thomas destaca que o mesmo Israel que já havia enfrentado um século de problemas no passado, agora, enfrentará um século de oposição pela frente. Da oposição inicial no primeiro ano após o retorno (4:4), passando pela oposição mencionada uma década e meia depois, quando Dario assumiu o trono (4:5), e pela oposição que ocorreu meio século mais tarde, na época de Assuero (4:6), até finalmente chegar à oposição registrada na maior parte de Esdras 4 (v. 6-24), de 464 a.C., em diante, os judeus foram atormentados por problemas: 1) Esdras 4:1-5a – oposição na época de Ciro (536 a.C., em diante); 2) Esdras 4:5b-6,24 – oposição na época de Dario (522 a.C., em diante); 3) Esdras 4:6 – oposição na época de Assuero (486 a.C., em diante); 4) Esdras 4:7-23 – oposição na época de Artaxerxes (465 a.C., em diante).[1]

Quais são as armas que o inimigo usa para paralisar a obra? Quais são suas estratégias?

O perigo do adversário propor parceria na obra (4:1,2)

O escritor sagrado registra:

> Ouvindo os adversários de Judá e Benjamim que os que voltaram do cativeiro edificavam o templo ao Senhor, Deus de Israel, chegaram-se a Zorobabel e aos cabeças de famílias e lhes disseram: Deixai-nos edificar convosco, porque, como vós, buscaremos a vosso Deus; como também já lhe sacrificamos desde os dias de Esar-Hadom, rei da Assíria, que nos fez subir para aqui (4:1,2).

Com a queda de Samaria e a derrota das dez tribos do norte, pelas mãos de Sargão II, em 722 a.C., começa a história do povo samaritano. Fazia parte da política do Império Assírio, misturar os povos conquistados, para que perdessem sua força identitária e se misturassem, tanto no âmbito racial como religioso. Esse caldeamento de raças e esse sincretismo religioso foi a base do povo samaritano que passou a habitar aquela região desde o século oitavo a.C.

Os samaritanos perderam a sua pureza doutrinária bem como sua integridade cúltica. Abraçaram uma religião sincrética. Por isso, a tentativa de associarem-se aos judeus na construção do templo tinha consequências religiosas profundas. O narrador bíblico os vê como adversários de Judá e Benjamim (4:1). A delegação que veio a Jerusalém para unir-se aos judeus na reconstrução do templo foi identificada como um grupo de pessoas que haviam sido assentadas à força naquela terra durante o reinado do rei assírio Esar-Hadom, neto de Sargão II, o homem que repovoou Israel com gentes de outras nações depois da queda de Samaria em 722 a.C. (4:2).[2]

Tiberius Rata acrescenta que Esar-Hadom governou a Assíria em 681-669 a.C., e repovoou a terra depois que muitos foram levados para o exílio. Esses repovoamentos não eram tão incomuns, visto que outros reis assírios, como Sargão II (722-705 a.C.) e Assurbanipal (669-663 a.C.) fizeram o mesmo durante seus respectivos reinados.[3] Warren Wiersbe descreve essa política dos reis assírios assim: "Quando os assírios conquistaram o Reino do Norte, misturaram intencionalmente as nações que haviam derrotado, o que levou a uma confusão racial e religiosa (2Rs 17:24-41)".[4]

Demaray diz que os samaritanos e outros povos das redondezas perturbaram-se quando tomaram conhecimento que os judeus haviam voltado e estavam edificando o templo. Eles temiam que, se permitissem que os judeus se estabelecessem em Jerusalém, representariam uma ameaça à sua segurança e ao seu poder. Traiçoeiramente, pediram a Zorobabel e Jesua que deixassem que eles ajudassem a reconstruir o templo, alegando que eles, como os judeus, adoraram o Deus verdadeiro.[5] Como diz Warren Wiersbe, "as aparências indicavam que os samaritanos estavam agindo como vizinhos piedosos, mas se tratava de uma oferta traiçoeira e perigosa".[6] Nessa mesma linha de pensamento, Tiberius Rata escreve:

> O pedido dos adversários parece inocente, "deixai-nos edificar convosco", e parece ter a motivação certa, "porque, como vós buscaremos a vosso Deus". Os adversários insinuam que eles são convertidos ao judaísmo, visto que adoram Yahweh desde a sua chegada à terra. No entanto, o cronista esclarece que esses adversários não eram monoteístas, mas sim sincretistas em sua adoração. "De maneira que temiam ao Senhor e, ao mesmo tempo, serviam aos seus próprios deuses, segundo o costume das nações dentre as quais tinham sido transportadas (2Rs 17:33).[7]

Nunca é demais ressaltar que o inimigo nunca é tão perigoso como quando ele vem disfarçado de amigo. A astúcia da serpente é mais perigosa que o rugido do leão. A união com o inimigo é mais devastadora do que a fúria do inimigo. Os adversários da obra queriam fazer parte da edificação do templo de Jerusalém. Chegaram a jurar fidelidade ao mesmo Deus e aos mesmos princípios. Essa proposta está mais próxima da cultura inclusivista. É mais simpática à filosofia do politicamente correto. A amizade com o inimigo é mais nociva do que a espada do inimigo.

Derek Thomas é oportuno, quando escreve:

> No que diz respeito às questões civis, podemos ser cobeligerantes em questões morais como o aborto, a eutanásia e a crueldade animal. Todavia, em assuntos de fé – isto é, na definição

> do evangelho ou na estipulação de requisitos para tornar-se membro da igreja, por exemplo – a incredulidade não tem direito a opiniões. Jerusalém e Atenas não podem ocupar a mesma posição ao definir a natureza da fé verdadeira. Assim, a igreja se encontra como o antigo Israel depois do exílio, em meio a inimigos. Na esfera civil, os cristãos colocam-se ao lado dos incrédulos em questões de civilidade. Porém, na igreja a situação é completamente diferente. Rejeitar a ideia de intolerância ao sincretismo na igreja é condená-la ao esquecimento.[8]

A necessidade de rejeitar o pluralismo religioso (4:3)

Os líderes de Israel responderam aos adversários: "Porém, Zorobabel, Jesua e os outros cabeças de famílias lhes responderam: Nada tendes conosco na edificação da casa a nosso Deus; nós mesmos, sozinhos, a edificaremos ao Senhor, Deus de Israel, como nos ordenou Ciro, rei da Pérsia" (4:3). A proposta, aparentemente, generosa dos adversários de Judá e Benjamim era um laço e não uma ajuda. Os líderes de Israel foram firmes e categóricos em rejeitar a proposta ecumênica dos adversários. Não há unidade fora da verdade. O discurso deles era uma cortina de fumaça para esconder seus propósitos inconfessos e subterrâneos. Queriam paralisar a obra em vez de promovê-la. Não observavam os preceitos de Deus como afirmaram; pelo contrário, adotavam uma crença híbrida e um culto sincrético. Aqueles homens eram lobos em pele de cordeiro. Por trás deles estava o próprio Satanás, o arqui-inimigo da obra.

Concordo com Derek Thomas, quando diz que para Zorobabel e Jesua, os *goyim* estavam religiosamente comprometidos. Mesmo alegando adorar a Deus da mesma maneira e oferecendo sacrifícios conforme a lei exigia, os líderes judeus eram de outra opinião. A oferta ecumênica de cooperação foi categoricamente recusada. O pluralismo foi diagnosticado e plenamente rejeitado.[9]

O ecumenismo é devastador. A ideia de que não importa o que você crê, podemos dar as mãos e caminhar juntos é uma falácia. Foi o sincretismo religioso que empurrou Israel para a idolatria e a apostasia. O sincretismo religioso de Israel foi a causa do seu amargo cativeiro. Não há comunhão entre a luz e as trevas, entre a verdade e a mentira, entre o Deus vivo e os ídolos. Onde o liberalismo teológico entrou, ele devastou a igreja. Uma igreja que subscreve o liberalismo teológico, assina o seu atestado de óbito no mesmo dia. Devemos dizer um sonoro não ao ecumenismo.

A fé cristã tem sua radicalidade inegociável. Os marcos não podem ser mudados. A verdade não pode ser negociada. Os cristãos devem ser intransigentes e intolerantes com toda forma de erro teológico ou ético. A exclusividade do cristianismo pode parecer a alguns como fundamentalismo, mas a verdade não fica de cócoras diante da ditadura do relativismo (At 4:12).

Warren Wieresbe diz que se esse povo de fora começasse a se misturar com o remanescente judeu enquanto ajudavam a reconstruir o templo, não tardaria para que os dois grupos começassem a se tornar mais íntimos e realizar casamentos mistos, o que era contrário à lei de Moisés (Êx 34:10-17; Dt 7:1-11; 12:1-3). Israel era uma nação separada das outras (Nm 23:9), pois deveria cumprir no mundo uma tarefa especial que havia recebido de Deus (Gn 12:1-3). Se, de algum modo, o povo de Israel fosse corrompido, o sucesso do ministério que Deus havia lhe dado estaria em perigo.[10]

As artimanhas dos adversários (4:4-16)

Uma vez que a proposta de parceria foi prontamente rejeitada, os inimigos se armaram com novos estratagemas, a fim de pôr em movimento o seu plano, ou seja, o de paralisar a obra. É digno de nota que a oposição que os judeus sofreram no tempo de Ciro (539-522 a.C.) voltou a acontecer no reinado de Dario (522-486 a.C.), bem como no reinado de Assuero (486-465 a.C.) e perdurou durante o reinado de Artaxerxes (465-424 a.C.), de quem Neemias foi copeiro.[11]

Que expedientes tomaram?

Em primeiro lugar, *promoveram desânimo entre o povo* (4:4). "Então, as gentes da terra desanimaram o povo de Judá, inquietando-o no edificar". O desânimo é contagioso. É um sentimento de inadequação e fracasso. É fazer provisão para a derrota. É apostar que o projeto não vai adiante. É concordar com o inimigo que lançar a mão na obra é laborar para nada. Os inimigos lograram êxito, espalhando no arraial de Israel o desânimo. Gente desanimada não faz nada de relevante. Gente desanimada não crê que Deus pode, nem acredita que Deus quer. Derek Thomas diz que o desânimo perante a magnitude da tarefa drenou o espírito de empreendimento e diminuiu o empenho na construção, gerando apatia e inércia. O desânimo é um vírus mortal. Ele drena a energia, enfraquece a motivação e faz as pessoas se voltarem para dentro de si mesmas.[12] Tiberius Rata diz, com razão, que o desânimo leva ao medo.[13]

Em segundo lugar, *sabotaram os planos de construção do templo* (4:5). "Alugaram contra eles conselheiros para frustrarem os eu plano, todos os dias de Ciro, rei da Pérsia, até ao reinado de Dario, rei da Pérsia". Além de espalharem desânimo, os adversários da obra, sabotaram os planos de reconstrução do templo e da cidade. Conseguiram penetrar entre o povo e roubar dele seus sonhos, num longo período, ou seja, desde Ciro, até o reinado de Dario. Esse foi um ataque sem intermitência, sem descanso nem pausa.

Em terceiro lugar, *fizeram acusações sem pausa* (4:6-16). Os opositores da obra estiveram ativos no governo de Ciro e Dario I (4:5). Não pararam aí. No governo de Assuero, também chamado de Xerxes, eles acusaram os judeus e quase levaram a cabo um extermínio do povo judeu. Destacamos aqui alguns pontos:

Os múltiplos acusadores (4:7-10)

> E, nos dias de Artaxerxes, rei da Pérsia, Bislão, Mitredate, Tabeel e os outros seus companheiros lhes escreveram; a carta estava escrita em caracteres aramaicos e na língua siríaca. Reum, o comandante, e Sinsai, o escrivão, escreveram contra Jerusalém uma carta ao rei Artaxerxes. Escreveu Reum, o comandante, e Sinsai, o escrivão, os outros seus companheiros: dinaítas, afarsaquitas, tarpelitas, afarsitas, arquevitas, babilônios, susanquitas, deavitas, elamitas e outros povos, que o grande e afamado Asnapar transportou e que fez habitar na cidade de Samaria, e os outros aquém do Eufrates (4:7-10).

Nos dias de Artaxerxes, Bislão, Mitredate, Tabeel e outros seus companheiros escreveram cartas ao rei, num verdadeiro complô para acusar o povo de Deus (4:7). Reum, o comandante, e Sinsai, o escrivão, e outros seus companheiros: dinaítas, afarsaquitas, tarpelitas, afarsitas, arquevitas, babilônios, susanquitas, deavitas, elamitas e outros povos, que o grande e afamado Asnapar transportou e que fez habitar na cidade de Samaria, e os outros aquém do Eufrates. É digno de nota que de Esdras 4:8 a Esdras

6:18, o autor escreve num idioma diferente. Em vez do costumeiro hebraico, o texto está em aramaico, da mesma família do hebraico e a língua que os persas empregavam em documentos oficiais (assim como o Império Romano utilizava o grego).[14]

O teor da acusação (4:11-16)

> Eis o teor da carta endereçada ao rei Artaxerxes: Teus servos, os homens daquém do Eufrates e em tal tempo. Seja do conhecimento do rei que os judeus que subiram de ti vieram a nós a Jerusalém. Eles estão reedificando aquela rebelde e malvada cidade e vão restaurando os seus muros e reparando os seus fundamentos. Saiba ainda o rei que, se aquela cidade se reedificar, o os muros se restaurarem, eles não pagarão os direitos, os impostos e os pedágios e assim causarão prejuízo ao rei. Agora, pois, como somos assalariados do rei e não nos convém ver a desonra dele, por isso, mandamos dar-lhe aviso, a fim de que se busque no livro das crônicas de seu país, e nele achará o rei e saberá que aquela cidade foi rebelde e danosa aos reis e às províncias e que nela tem havido rebeliões, desde tempos antigos; pelo que foi a cidade destruída. Nós, pois, fazemos notório ao rei que, se aquela cidade se reedificar, e os seus muros se restaurarem, sucederá que não terá a posse das terras desta banda do Eufrates (4:11-16).

Os inimigos fizeram várias acusações contra os judeus que retornaram do cativeiro. Vamos elencar aqui as acusações assacadas contra eles:

A primeira acusação foi contra o histórico da cidade de Jerusalém (4:12,15). Buscaram o passado da cidade para lançar pesados libelos acusatórios contra Jerusalém, chamando-a de "rebelde e malvada cidade". Não só insinuaram, mas fizeram aberta acusação sobre a motivação dos reconstrutores da cidade, afirmando que o propósito deles era sacudir o jugo persa de sobre eles. Tiberius Rata destaca que o ódio da oposição é evidente pela referência a Jerusalém como "aquela cidade rebelde e malvada".[15]

A segunda acusação era que os judeus intentavam sonegar direitos, impostos e pedágios ao Império Persa (4:13). A carta endereçada ao rei Artaxerxes era um amontoado de inverdades. Fizeram acusações levianas. Falsearam a verdade. Espalharam mentiras. A ameaça de perda de receita e, mais importante, de controle político, sem dúvida visava a sensibilizar o coração do rei. Assim, o rei foi instado a buscar, na história de Jerusalém, atos semelhantes de rebelião cometidos no passado.

A terceira acusação respingava no desempenho político do próprio Artaxerxes (4:14). Os acusadores, de forma dissimulada, deram a impressão que estavam interessados nos negócios do império e na reputação do rei. Tudo, porém, não passava de uma deslavada mentira. Os adversários insinuam que o futuro da corte persa seria sombrio caso Jerusalém fosse reconstruída. Além de perda de receita e tributos para o império, uma rebelião bem-sucedida traria desonra para o rei.

A quarta acusação apontava para a iminência de grandes perdas territoriais para o império (4:16). Disseram que se Jerusalém fosse reconstruída, os judeus, sem dúvida, conquistariam todo o território daquele lado do Eufrates, o que seria extremamente prejudicial para o rei e seu império.[16] Assim, os samaritanos e seus aliados frustraram a iniciativa de reconstrução por meio da prática de intimidação, inclusive sabotando a cadeia de provisões do Líbano para Jerusalém e contratando profissionais para realizar uma campanha difamatória contra os judeus nas câmaras de poder da Pérsia.[17]

A resposta do rei Artaxerxes às levianas acusações (4:17-22)

A carta enviada ao rei Artaxerxes foi lida em sua presença e o rei, mordeu a isca dos adversários de Jerusalém e escreveu uma missiva de volta. Destacamos, aqui, três pontos:

Em primeiro lugar, *os destinatários do rei* (4:17). "Então, respondeu o rei: A Reum, o comandante, a Sinsai, o escrivão, e a seus companheiros que habitavam em Samaria, como aos restantes que estavam além do Eufrates: Paz!". A carta enviada ao rei Artaxerxes encontrou guarida do monarca persa. O rei respondeu aos interlocutores, acolhendo as denúncias.

Em segundo lugar, *a justificativa do rei* (4:18-20). "A carta que nos enviastes foi distintamente lida na minha presença. Ordenando-o eu, buscaram e acharam que, de tempos antigos, aquela cidade se levantou contra os reis, e nele se têm feito rebeliões e motins. Também houve reis poderosos sobre Jerusalém, que dalém do Eufrates dominaram em todo lugar, e se lhes pagaram direitos, impostos e pedágios". Artaxerxes corrobora com os acusadores, dizendo que uma investigação foi feita e constatou, de fato, que a cidade tinha sido palco de motins e rebeliões e, que já tinha sido, também, subjugada por reis poderosos, a quem foram pagos direitos, impostos e pedágios.

Em terceiro lugar, *a ordem do rei* (4:21,22). "Agora, pois, dai ordem a fim de que aqueles homens parem o trabalho e não se edifique aquela cidade, a não ser com autorização minha. Guardai-vos, não sejais remissos nestas coisas. Por que há de crescer o dano em prejuízo dos reis?". Artaxerxes dá uma ordem peremptória para que os construtores do templo e da cidade de Jerusalém paralisassem, sem detença, a obra, exceto por expressa autorização dele. O rei, ainda, dá ordens para que os destinatários da carta não fossem lerdos no cumprimento de suas ordens, a fim de que não crescesse qualquer dano em prejuízo ao rei.

A paralisação da obra (4:23,24)

O texto bíblico diz:

> Depois de lida a cópia da carta do rei Artaxerxes perante Reum, Sinsai, o escrivão, e seus companheiros, foram eles apressadamente a Jerusalém, aos judeus, e, de mão armada, os forçaram a parar com a obra. Cessou, pois, a obra da Casa de Deus, a qual estavam em Jerusalém; e isso até ao segundo ano do reinado de Dario, rei da Pérsia (4:23,24).

Os destinatários da carta do rei Artaxerxes, sem tardança, foram a Jerusalém, aos judeus, de armas em punho, forçando-os a pararem com a obra. A obra foi interrompida até o segundo ano do reinado de Dario, rei da Pérsia. Com base em Ageu 1:4, parece que durante esse período de estagnação, os judeus se voltaram para a construção e a decoração de suas próprias casas. Concordo com William MacDonald quando diz que o versículo 24 segue o versículo 5 cronologicamente.[18] Tiberius Rata ainda lança luz sobre o assunto ao escrever:

> Enquanto os versículos 5 e 24 dizem respeito às informações do reinado de Dario, os versículos 6-23 são de tempos posteriores, a saber, dos reinados de Xerxes ou Assuero (486-465 a.C.) e Artaxerxes (465-424 a.C.). Está claro que a principal preocupação do autor não é nos dar uma linha cronológica dos acontecimentos, mas sim enfatizar o tema da oposição persistente que se estendeu por mais de um século.[19]

A análise do capítulo 4 do livro de Esdras enseja-nos algumas aplicações. A primeira delas é que vivemos num mundo hostil. Aqui não pisamos tapetes aveludados. Aqui enfrentamos a carranca do diabo, o ódio do mundo e as nossas próprias fraquezas. A Escritura diz que é por meio de muitas tribulações que entramos no reino de Deus (At 14:22). A segunda aplicação é que se não blindarmos nosso coração com o escudo da fé, as investidas do inimigo podem afrouxar nossas mãos, a ponto de paralisarmos a obra de Deus. Finalmente, podemos extrair do texto em tela a aplicação de que, nossos olhos precisam estar em Deus e não nas circunstâncias. Sempre que tiramos os olhos do Senhor para colocá-los na fúria do inimigo, no gigantismo dos problemas e nas nossas próprias limitações, apequenamo-nos e somos derrotados. A obra de Deus avança não por força nem por violência, mas pelo Espírito de Deus (Zc 4:6).

NOTAS

1 THOMAS, Derek. *Esdras e Neemias*, p. 69.
2 Ibidem, p. 59.
3 RATA, Tiberius. *Esdras e Neemias*, p. 61.
4 WIERSBE, Warren W. *Comentário Bíblico Expositivo*. Vol. 2, p. 594.
5 DEMARAY, C. E. *O livro de Esdras*, p. 494.
6 WIERSBE, Warren W. *Comentário Bíblico Expositivo*. Vol. 2, p. 594.
7 RATA, Tiberius. *Esdras e Neemias*, p. 61.
8 THOMAS, Derek. *Esdras e Neemias*, p. 60.
9 Ibidem, p. 61.
10 WIERSBE, Warren W. *Comentário Bíblico Expositivo*, p. 594.
11 THOMAS, Derek. *Esdras e Neemias*, p. 67.
12 Ibidem, p. 64.

[13] RATA, Tiberius. *Esdras e Neemias*, p. 62.
[14] THOMAS, Derek. *Esdras e Neemias*, p. 68.
[15] RATA, Tiberius. *Esdras e Neemias*, p. 64.
[16] WIERSBE, Warren W. *Comentário Bíblico Expositivo*. Vol. 2, p. 596.
[17] THOMAS, Derek. *Esdras e Neemias*, p. 69, 70.
[18] MACDONALD, William. *Believer's Bible Commentary*, p. 475.
[19] RATA, Tiberius. *Esdras e Neemias*, p. 63.

Capítulo 5

É tempo de edificar a Casa do Senhor

(Esdras 5:1-17)

Do livro de Ageu (Ag 1:1), bem como do livro de Zacarias (1:1) aprendemos que este capítulo do livro de Esdras pertence ao segundo ano do reinado de Dario (4:24).[1] A oposição dos adversários somada ao desânimo do povo, paralisou a reconstrução do templo por dezesseis anos, ou seja, até o segundo ano do rei Dario, em 520 a.C.

Os inimigos de Judá e Benjamim infiltraram-se com sucesso nas linhas de suprimento de materiais que vinham do Líbano e pagaram conselheiros para denunciar aos oficiais persas que os judeus não eram dignos de confiança. O povo em vez enfrentar a oposição com a galhardia da fé, voltou para seus próprios interesses e em vez de construir a Casa de Deus, foram construir e embelezar suas próprias casas (Ag 1:2-4). A Casa de Deus ficou desamparada. A construção ficou parada. Os inimigos prevaleceram ao mesmo tempo em que o ânimo do povo se abateu, impedindo a continuação da obra. A obra de reconstrução levaria ainda mais quatro anos, ou seja, até 516 a.C.

Nesse tempo, Deus levantou dois profetas, um velho (Ageu) e um jovem (Zacarias) para encorajar o povo. O livro de Ageu concentra-se na necessidade de reconstruir o templo, enquanto o livro de Zacarias foca sua atenção na soberania de Deus e na responsabilidade humana. A pregação contundente desses mensageiros de Deus deu novo ânimo ao povo, que retomou a construção. Concordo com Tiberius Rata quando diz que após dezesseis anos de paralisação na obra de reconstrução, é a Palavra do Senhor que dá partida no processo novamente. O ofício profético não morreu durante o exílio babilônico, e os profetas de Deus não se tornaram extintos.[2] É digno de nota que a obra da reconstrução do templo não se deu pela força do decreto do rei, mas pelo poder do Espírito Santo (Zc 4:6). Deus levantou, também, dois magistrados para liderar o povo, um como autoridade civil (Zorobabel) e outro como sumo sacerdote (Josué).

Destacaremos, aqui, três pontos importantes: a obra reiniciada, a obra questionada e a obra relatada ao rei Dario.

A reconstrução do templo reiniciada (5:1,2)

Em tempos de crise e desânimo, Deus levanta seus mensageiros para encorajar o povo. Esse novo ânimo não procede da força dos obreiros nem mesmo de seus recursos. A obra de Deus não avança com meras estratégias humanas.

Deus usou a pregação de Ageu e Zacarias para colocar o povo de pé, a fim de, reconstruir o templo com diligência. Concordo com John Wesley, quando diz que o primeiro capítulo do livro de Ageu é o melhor comentário de Esdras 5:1,2.[3]

Destacamos dois pontos importantes:

Em primeiro lugar, *Deus levanta profetas* (5:1). "Ora, os profetas Ageu e Zacarias, filho de Ido, profetizaram aos judeus que estavam em Judá e em Jerusalém, em nome do Deus de Israel, cujo Espírito estava com eles". Vemos, aqui, o poder da pregação. Deus fala ao seu povo mediante a sua palavra. A pregação foi o recurso divino para despertar seu povo, converter os corações e operar grandes transformações. Foi assim nos dias de Moisés (Dt 4:10) e nos dias de Josué (Js 1:8). Foi assim nesse tempo pós-exílico. Foi assim no Pentecostes. Foi assim na Reforma Protestante. Foi assim nos grandes reavivamentos. É assim hoje. Deus fala pela sua palavra e sua palavra é poderosa e irresistível. Concordo com Warren Wiersbe, quando escreve: "A história da igreja mostra que, quando Deus deseja estimular seu povo a fazer sua vontade, chama pessoas para proclamar sua palavra".[4]

Quem eram esses mensageiros divinos? Vamos conhecer um pouco sobre o profeta Ageu. Segundo Derek Thomas, "esse pequeno livro abrange um período de quatro meses: de 29 de agosto a 18 de dezembro de 520 a.C. O livro de Ageu registra quatro sermões proferidos durante o período de quatro meses, dois deles no mesmo dia. O povo de Deus estivera procrastinando a obra, alegando que a hora não era adequada para construir o templo. Eles passaram dezesseis anos procurando convencer a si mesmos de que não era o momento.[5]

O velho profeta entra e sai de cena de forma muito rápida, mas o impacto de sua mensagem confrontadora colocou o povo de Deus de volta ao propósito de reconstruir o templo. Ageu repreendeu o povo judeu por ter abandonado a casa de Deus e se voltado para construir suas próprias casas apaineladas. Disse ao povo que sua falta de investimento na obra de Deus ou trazer para Deus apenas as sobras era um ato indigno, que Deus não podia aceitar. Disse ao povo que Deus não depende de recursos financeiros e humanos, uma vez que é o dono do ouro e da prata, mas alerta ao povo que negligenciar os preceitos de Deus é como receber salário para colocá-lo num saco furado. A exortação de Ageu foi acolhida pelo povo e os líderes se levantaram para recomeçar a obra.

Já o profeta Zacarias, pregou num período de dois anos e com estilo diferente, trouxe à lume oito visões, usando um estilo de escrita conhecido como *apocalíptico*. Ele incentivou o povo a trabalhar com a consciência de que a obra de Deus não avança por força ou poder, mas pelo Espírito do Senhor. Derek Thomas destaca que a primeira metade da profecia de Zacarias contém uma série de oito "visões noturnas". A segunda metade é basicamente um vislumbre do futuro, uma forma idealizada da glória dos novos céus e da nova terra.[6]

Os profetas Ageu e Zacarias não profetizaram em seu próprio nome, mas em nome do Deus de Israel. O mensageiro não é a fonte da mensagem. O pregador não cria a mensagem. A pregador não vem em seu próprio nome nem traz uma mensagem sua, mas de Deus. É a própria voz de Deus que o homem escuta, quando o profeta se levanta para pregar a palavra.

Os judeus tiveram um robusto encorajamento para obedecer a Palavra de Deus, na construção do templo, uma vez que somos informados que o "Espírito estava com eles". Se Deus é nosso parceiro, então somos fortes. Se o Espírito Santo está conosco, então, não podemos afrouxar as mãos. Concordo com Derek Thomas quando diz que o templo era importante porque apontava para Jesus. Zacarias prometeu ao povo que, em algum momento futuro, seria aberta uma fonte que removeria todo pecado e culpa. A fonte a ser aberta não era o pescoço de um animal sacrificado, mas o lado perfurado do Filho de Deus. O Messias estava vindo, e a culpa seria removida num único dia. Zacarias estava falando sobre a vinda de Jesus e sua morte expiatória, realizada de "uma vez por todas" (Hb 9:24-26).[7]

Em segundo lugar, *Deus levanta líderes* (5:2). "Então, se dispuseram Zorobabel, filho de Sealtiel, e Jesua, filho de Jozadaque, e começaram a edificar a Casa de Deus, a qual está em Jerusalém; e, com eles, os referidos profetas de Deus, que os ajudavam". As pregações de Ageu e Zacarias produziram um efeito profundo na liderança civil e religiosa. É isso que a Palavra de Deus faz. Ela nos desafia, motiva e estimula a realizar atos de obediência.[8] Destacamos, aqui, três pontos importantes:

Primeiro, o líder civil (5:2). Zorobabel foi o líder da primeira caravana que retornou a Jerusalém, com o propósito de reconstruir o templo. Ele é conhecido como governador, o líder civil. Foi comissionado por Ciro, de quem recebeu autorização para voltar e erigir a Casa de Deus. Sua liderança está presente nos livros de Esdras e Neemias. Edwin Yamauchi diz que Zorobabel é um nome babilônico, que significa "semente da Babilônia"; isto implica em que ele nasceu no exílio, provavelmente antes de 570 a.C. Aqui

(5:2) e em (3:2), Neemias 12:1 e Ageu 1:1, Zorobabel é descrito como um filho de Sealtiel – filho de Jeoaquim, penúltimo rei de Judá (1Cr 3:16,17). Embora Jeoaquim tenha sido substituído por Zedequias, ele foi considerado como o último legítimo rei de Judá. Zorobabel, portanto, foi o último da linhagem de Davi, a quem foi confiado autoridade política.[9]

Segundo, o líder religioso (5:2). Jesua, também, conhecido como Josué (Zc 3:1-7) é o sumo sacerdote, o líder religioso. Cabia-lhe o privilégio e o dever de ensinar ao povo a lei de Deus e de interceder pelo povo. Seu ministério sacerdotal é vital para esse tempo de recomeço.

Terceiro, os profetas de Deus (5:2). Os profetas Ageu e Zacarias estiveram lado a lado com o líder civil e religioso na reconstrução do templo. A mensagem de exortação que trouxeram aos construtores fortaleceram seus braços na obra e os capacitaram a enfrentar a oposição dos adversários com galhardia.

A reconstrução do templo é questionada (5:3-5)

A reconstrução do templo não é interrompida, mas questionada pelos representantes do Império Persa na região. Vejamos:

Em primeiro lugar, *os questionadores* (5:3a). "Nesse tempo, veio a eles Tatenai, o governador daquém do Eufrates, e Setar-Bozenai, e seus companheiros e assim lhes perguntaram: Quem vos deu ordem para reedificardes esta casa e restaurardes este muro?". A obra estava a todo vapor, quando o representante do Império Persa na região, o governador Tatenai, Setar-Bozenai e seus companheiros foram a Jerusalém apurar os motivos do reinício da reconstrução do templo. Como representante do Império Persa, ele quer ter certeza de que os judeus não estão se revoltando contra a instituição.

Em segundo lugar, *os questionamentos* (5:3b,4). "E assim lhes perguntaram: Quem vos deu ordem para reedificardes esta casa e restaurardes este muro? Perguntaram-lhes mais: E quais são os nomes dos homens que constroem este edifício?". Tatenai e seus aliados vieram a Jerusalém com duas perguntas diagnósticas: "Quem vos deu ordem para reedificardes esta casa e restaurardes este muro?"; "e quais são os nomes dos homens que constroem este edifício?". Eles querem saber quem deu a ordem para reedificar e quem lidera a obra de reconstrução. O governador Tatenai defende os interesses do império na região daquém do Eufrates. Estão cumprindo o seu dever ao questionar a legitimidade da autorização e precisam saber quem lidera essa obra de reconstrução.

Em terceiro lugar, *o supervisionamento divino* (5:5). "Porém os olhos de Deus estavam sobre os anciãos, de maneira que não foram obrigados a parar, até que o assunto chegasse a Dario, e viesse resposta por carta sobre isso". A expressão "os olhos de Deus estavam sobre" significa que Deus estava supervisionando. As coisas aconteciam sob a direção divina. Os construtores estavam trabalhando na reconstrução do templo e do muro debaixo da autoridade de Deus. Tiberius Rata ratifica essa ideia, ao escrever: "Quando algo está 'sob os olhos de Deus' no Antigo Testamento, está debaixo de sua supervisão. Portanto, o que dá êxito ao povo de Deus não é a sua habilidade, mas a proteção e a providência de Deus".[10] Derek Thomas corrobora dizendo que as coisas acontecem porque Deus as ordena antes, e elas acontecem exatamente da maneira que Ele ordena.[11]

A reconstrução do templo é relatada (5:6-17)

Destacamos aqui três pontos importantes:

Em primeiro lugar, *os remetentes da carta* (5:6). "Eis a cópia da carta que Tatenai, o governador daquém do Eufrates, com Setar-Bozenai e os seus companheiros, os afarsaquitas, que estavam deste lado do rio, enviaram ao rei Dario". Os que foram investigar a obra em Jerusalém foram os mesmos a remeterem uma carta ao rei Dario relatando os fatos que ocorriam em Jerusalém. Nas palavras de Tiberius Rata, "eles eram os solucionadores de problemas imperiais, armados com poderes de punição. Eles eram considerados os olhos e ouvidos do rei, e eram parte do elaborado sistema de espionagem do rei".[12]

Em segundo lugar, *o destinatário da carta* (5:7). "Na qual lhe deram uma relação escrita do modo seguinte: Ao rei Dario, toda a paz!". A carta é endereçada diretamente ao rei Dario, que sucedeu a Ciro e governou a Pérsia de 522 a 486 a.C.

Em terceiro lugar, *o conteúdo da carta* (5:8-17). O narrador bíblico escreve:

> Seja notório ao rei que nós fomos à província de Judá, à casa do grande Deus, a qual se edifica com grandes pedras; a madeira se está pondo nas paredes, e a obra se vai fazendo com diligência e se adianta nas suas mãos. Perguntamos aos anciãos e assim lhes dissemos: Quem vos deu ordem para reedificardes esta casa e restaurardes este muro? Demais disto, lhes perguntamos também pelo seu nome, para tos declararmos para que te pudéssemos escrever os nomes dos homens que são entre eles os chefes. Esta foi a resposta que nos deram: Nós somos servos do Deus dos céus e da terra e reedificamos a casa que há muitos anos fora construída, a qual um grande rei de Israel edificou e a terminou. Mas, depois que nossos pais provocaram à ira o

> Deus dos céus, ele entregou nas mãos de Nabucodonosor, rei da Babilônia, o caldeu, o qual destruiu esta casa e transportou o povo para a Babilônia. Porém, Ciro, rei da Babilônia, no seu primeiro ano, deu ordem para que esta Casa de Deus se edificasse. Também os utensílios de ouro e de prata, da Casa de Deus, que Nabucodonosor levara do templo que estava em Jerusalém e os meteu no templo de Babilônia, o rei Ciro os tirou de lá, e foram dados a um homem cujo nome era Sesbazar, a quem nomeara governador e lhe disse: Toma estes utensílios, e vai, e leva-os ao templo de Jerusalém, e faze reedificar a Casa de Deus, no seu lugar. Então, veio o dito Sesbazar e lançou os fundamentos da Casa de Deus, a qual está em Jerusalém; e, daí para cá, se está edificando e ainda não está acabada. Agora, pois, se parece bem ao rei, que se busque nos arquivos reais, na Babilônia, se é verdade haver uma ordem do rei Ciro para edificar esta Casa de Deus, em Jerusalém; e sobre isto nos faça o rei saber a sua vontade (5:8-17).

Dois pontos merecem destaque no texto em pauta:

Primeiro, a diligência dos remetentes (5:8-10). Os remetentes da carta ao rei Dario informaram-no que a casa que estava sendo construída era a casa do grande Deus. Tatenai, mesmo sendo um governador gentio, reconhece a singularidade do Deus de Israel. Ele dá detalhes da obra, dizendo que a casa se constrói com grandes pedras e que a madeira já se está pondo nas paredes. Com isso, estava informando que era uma obra planejada, definitiva e de excelente qualidade. Informa ao rei, ainda, que a obra avança resolutamente e com destacada diligência dos construtores. Diante desse cenário é que foram a Jerusalém interrogar dos construtores com a autoridade de quem e quem eram os líderes dessa empreitada.

Tiberius Rata resume o relatório enviado ao rei Dario em três partes: 1) uma avaliação da construção; 2) uma conversa com os líderes judeus acerca da construção; 3) um pedido de investigação nos arquivos históricos em relação ao decreto de Ciro, o Grande.[13]

Segundo, o relatório dos judeus aos remetentes (5:11-17). O relatório dos judeus ao governador Tatenai e seus companheiros é minucioso. Merecem destaque cinco pontos:

- Recordando o passado glorioso (5:11). Os judeus disseram ao governador Tatenai que eles eram servos do Deus dos céus e da terra e que reedificavam a casa que fora construída pelo grande rei Salomão.
- Relatando a disciplina divina (5:12). Os judeus informaram que, em virtude do pecado do povo, o Deus dos céus e da terra, irou-se contra eles e entregou nas mãos de Nabucodonosor não apenas o templo, mas também a cidade e o próprio povo, que foi levado para um amargo cativeiro.
- Mencionando a ordem do rei Ciro (5:13-15). Os judeus, munidos da verdade, informaram ao governador que, no primeiro ano do rei Ciro, este baixou um decreto permitindo a volta dos judeus para sua terra, com o propósito de edificar o templo. E mais, Ciro devolveu os utensílios do templo que foram saqueados por Nabucodonosor e colocados no templo de Babilônia. Todos esses utensílios foram entregues a Sesbazar, a quem Ciro nomeou como governador dos exilados que retornaram a Jerusalém, com a ordem de reedificar a Casa de Deus.
- Descrevendo a situação presente (5:16). Os judeus voltam a atenção para o presente e informam que Sesbazar, cumprindo as ordens do rei Ciro, retornou a Jerusalém e lançou os fundamentos do novo templo,

a Casa de Deus. Sem fazer referência à paralisação, pela orquestração dos inimigos, a obra da reconstrução estava em andamento. É de bom tom afirmar que, como o templo era o símbolo da presença de Deus com seu povo, desempenhava um papel crucial na vida dos israelitas que retornaram para sua terra. Derek Thomas tem razão em dizer que o que era mais importante para aqueles ex-exilados não era seu lar ou seu trabalho, mas a adoração a Deus. O culto é o mais importante de tudo.[14]

- Consultando ao rei Dario (5:17). Finalmente, sugeriram que o rei Dario buscasse nos arquivos reais a veracidade das informações que acabaram de passar ao governador Tatenai. E que estavam prontos a atender a vontade do rei Dario. O capítulo 6 do livro de Esdras vai destacar mais uma vez a atitude positiva para com as autoridades persas, como instrumentos usados nas mãos de Deus para a realização dos seus propósitos.[15]

Notas

1 MACDONALD, William. *Believer's Bible Commentary*, p. 475.
2 RATA, Tiberius. *Esdras e Neemias*, p. 67.
3 WESLEY, John. Ezra. In *The Classic Bible Commentary*, p. 398.
4 WIERSBE, Warren W. *Comentário Bíblico Expositivo*. Vol. 2, p. 596.
5 THOMAS, Derek. *Esdras e Neemias*, p. 78.
6 Ibidem, p. 80.
7 Ibidem, p. 81.
8 Ibidem, p. 81, 82.

[9] YAMAUCHI, Edwin. Ezra. In *Zondervan NIV Bible Commentary*. Vol. 1, p. 692.
[10] RATA, Tiberius. *Esdras e Neemias*, p. 68.
[11] THOMAS, Derek. *Esdras e Neemias*, p. 85.
[12] RATA, Tiberius. *Esdras e Neemias*, p. 69.
[13] Ibidem.
[14] THOMAS, Derek. *Esdras e Neemias*, p. 88.
[15] WILLIAMSON, H. G. M. *Ezra and Nehemiah*. In *New Bible Commentary*, p. 428.

Capítulo 6

A edificação e a consagração da Casa de Deus

(Esdras 6:1-22)

O TEMPLO EM JERUSALÉM era um símbolo da presença de Deus entre o povo. Em Êxodo 25:8 está escrito: "E me farão um santuário, para que eu possa habitar no meio deles". Moisés construiu o tabernáculo móvel seguindo rigorosamente as prescrições divinas. Por cinco séculos, o tabernáculo esteve entre o povo de Israel. Então, o rei Davi tomou a decisão de edificar uma Casa ao Senhor, em Jerusalém. Ele reuniu o material, mas não teve permissão para construir o templo. Esse privilégio foi dado a seu filho, Salomão.

O templo erigido por Salomão tornou-se o centro de encontro do povo de Deus, por mais de quatrocentos anos.

Depois da morte de Salomão, em 931 a.C., dez tribos romperam com a dinastia davídica, seguindo a liderança cismática de Jeroboão I, formando o Reino do Norte, cuja capital veio a ser Samaria. Nesse reino, novos templos foram erigidos, novos sacerdotes foram ordenados e a nação tornou-se sincrética, capitulando-se à apostasia.

Em Jerusalém, as tribos de Judá e Benjamim alternaram tempos de obediência e rebeldia. Não tardou para que o templo de Jerusalém fosse visto como um amuleto espiritual, e o povo passou a venerar o templo e não o Deus que está no templo (Jr 7:4). Deus, então, entregou os utensílios do templo e o próprio templo nas mãos dos caldeus e o templo foi destruído e o povo levado cativo para a Babilônia no ano 586 a.C.

Concordo com Derek Thomas, quando diz que Deus não precisa de um templo físico para morar. Salomão deixou isso claro na cerimônia de abertura depois da conclusão do primeiro templo, e Estêvão repetiu essa verdade no Novo Testamento (At 7:48). De igual modo, o apóstolo Paulo diz que Deus não habita em santuários feitos por mãos humanas (At 17:24). Não obstante, Deus habita no templo. O Deus transcendente tornou-se imanente. O templo prefigura a encarnação, na qual a segunda pessoa da Trindade viria ao mundo (Gl 4:4; Jo 1:14). Além disso, o templo físico de Jerusalém daria lugar à habitação de Deus no coração dos crentes (1Co 6:19). A Bíblia considera a igreja e seus membros como o templo de Deus (1Co 3:16).[2]

No primeiro ano de seu reinado, o rei Ciro, conforme profecia de Isaías, decreta a volta dos judeus para Jerusalém, com o propósito de reedificar o templo (Is 44:24-45:1). Porém, uma coalizão de inimigos sustou a edificação da Casa de Deus, fazendo denúncias falsas ao rei da Pérsia.

A obra ficou parada por mais de duas décadas. Então, no governo de Dario, a obra é reiniciada e concluída. Esse templo, conhecido como o segundo templo, mais tarde foi ampliado e embelezado por Herodes, o Grande. Porém, novamente o templo foi profanado. Os vendilhões do templo transformaram a Casa de Deus, casa de oração, em covil de salteadores (Mt 21:12,13). Jesus, então profetiza a destruição do templo (Mt 24:1,2), o que ocorreu no ano 70 d.C., quando o general Tito cercou Jerusalém, invadiu a cidade e incendiou o templo, não ficando pedra sobre pedra.

É digno de nota que na plenitude dos tempos, o Verbo se fez carne e veio tabernacular-se entre os homens. O próprio Deus, o Emanuel, veio habitar com os homens. Ele é maior que o templo (Mt 12:6). Ele destruiu o santuário para reedificá-lo em três dias (Jo 2:19). Certamente, estava falando de seu próprio corpo. Ele foi crucificado e sepultado, mas ressuscitou ao terceiro dia. Havendo subido ao Pai, derramou o Espírito Santo para habitar para sempre conosco. Somos, agora, o templo do Espírito Santo, a morada de Deus, o santo do santos, onde a glória de Deus assiste. Porém, em breve, Jesus voltará e, então, estaremos para sempre com o Senhor, com um corpo imortal, incorruptível, glorioso, poderoso, espiritual e celestial, semelhante ao corpo da glória do Senhor.

Lá no céu não haverá santuário, pois o próprio Deus habitará conosco. O símbolo já não se fará mais necessário, pois onde está presente o simbolizado, o símbolo não precisa mais existir. Corrobora com esse pensamento Derek Thomas: "Quando a realidade está presente, o símbolo não é mais necessário. No estado final das coisas, Deus habitará com seu povo, enchendo a nova cidade de Jerusalém de vida e amor e derramando graça e cura no rio de vida que flui da cidade em direção às nações".[3]

Voltando à exposição do texto em apreço, destacaremos alguns pontos importantes.

A investigação do rei Dario (6:1-5)

Os judeus que retornaram a Jerusalém, encorajados pelos profetas Ageu e Zacarias, recomeçaram a construção do templo, paralisada em virtude do complô que os inimigos ao redor armaram contra eles. Agora, uma consulta é feita pelo governador daquém do Eufrates, acerca da legalidade dessa retomada. Destacamos, aqui quatro pontos importantes:

Em primeiro lugar, *uma busca é ordenada* (6:1). "Então, o rei Dario deu ordem, e uma busca se fez nos arquivos reais da Babilônia, onde se guardavam os documentos". Em virtude da carta enviada por Tatenai ao rei Dario, o rei deu uma ordem para que se examinasse os arquivos reais da Babilônia e se buscasse nos acervos informações sobre a decisão tomada pelo rei Ciro.

Em segundo lugar, *uma descoberta é feita* (6:2,3). O texto diz:

> Em Acmetá, na fortaleza que está na província da Média, se achou um rolo, e nele estava escrito um memorial que dizia assim: O rei Ciro, no seu primeiro ano, baixou o seguinte decreto: Com respeito à Casa de Deus, em Jerusalém, deve ela edificar-se para ser um lugar em que se ofereçam sacrifícios; seus fundamentos serão firmes, a sua altura, de sessenta côvados, e a sua largura, de sessenta côvados, com três carreiras de grandes pedras e uma de madeira nova (6:2,3).

O decreto original de Ciro foi encontrado na cidade de Acmetá, na fortaleza, contendo o decreto do rei com o seguinte teor: "Com respeito à Casa de Deus, em Jerusalém, deve ela edificar-se para ser um lugar em que se ofereçam sacrifícios; seus fundamentos serão firmes, a sua altura, de sessenta côvados, e a sua largura, de sessenta côvados, com três carreiras de grandes pedras e uma de madeira nova". O rolo foi encontrado não na Babilônia ou em Susã, mas em Acmetá, a capital da Média, onde o imperador costumava passar os meses de verão. Tiberius Rata diz que os reis persas normalmente residiam na Babilônia durante o inverno, em Susã durante a primavera, e em Acmetá durante o verão.[4] Esses registros eram feitos em tábuas e cilindros de argila ou papiros e pergaminhos de couro. Demaray tem razão em dizer que o fato de o decreto ter sido encontrado em um lugar tão improvável mostra quão diligente foi a procura, e o quanto a providência divina esteve relacionada com a sua descoberta.[5] É digno de nota que enquanto o decreto oficial era procurado, Judá recebeu autorização para continuar a obra de construção, livre de ameaças do governador Tatenai.

Em terceiro lugar, *uma provisão é garantida* (6:4). "A despesa se fará da casa do rei". O templo seria construído com os recursos oriundos do cofre imperial. Não só a ordem para a construção do templo estava determinada, mas, também, os recursos estavam garantidos. A provisão seria retirada do dinheiro dos impostos, normalmente, enviados ao rei. Concordo com Tiberius Rata, quando diz que a destinação de fundos da parte de Ciro para a reconstrução do templo certamente aponta para a providência de Deus em cuidar do seu povo. Afinal, "ao Senhor pertence a terra e o que nela se contém, o mundo e os que nele habitam" (Sl 24:1).[6]

Em quarto lugar, *uma devolução é realizada* (6:5). "Demais disto, os utensílios de ouro e de prata, da Casa de Deus, que Nabucodonosor tirara do templo que estava em Jerusalém, levando-os para a Babilônia, serão devolvidos para o templo que está em Jerusalém, cada utensílio para o seu lugar; serão recolocados na Casa de Deus". Não só o templo seria edificado novamente, mas os utensílios para o seu pleno funcionamento foram também devolvidos. O Deus que governa o universo e dirige a história tem, de igual modo, o controle dos detalhes. Ele se importa com utensílios. Ele mostra sua providência nas coisas mais comezinhas.

A determinação do rei Dario (6:6-12)

Ao ser informado de que o decreto imperial de fato havia sido emitido pelo rei Ciro, Tatenai recebeu a ordem expressa para retirar-se para longe de Jerusalém e não interferir no andamento da obra. Vejamos:

Em primeiro lugar, *os opositores da obra devem se retirar* (6:6,7). "Agora, pois, Tatenai, governador dalém do Eufrates, Setar-Bozenai e seus companheiros, os afarsaquitas, que estais para além do rei, retirai-vos para longe dali. Não interrompais a obra desta Casa de Deus, para que o governador dos judeus e os seus anciãos reedifiquem a Casa de Deus no seu lugar". A ordem do rei aos opositores da obra é dupla: retirem-se e não interrompam a obra da Casa de Deus. A retirada deve ser imediata. Eles não deviam aproximar-se fisicamente dos judeus, mas deviam ajudar financeiramente na reconstrução do templo. Nas palavras de Warren Wiersbe, "aquilo que havia começado como uma investigação terminou como um decreto real que protegia os judeus e estimulava medidas em seu favor".[7] Tiberius

Rata é ainda mais enfático: "O decreto do rei para Tatenai e seus companheiros se retirarem de Jerusalém é curto, claro e direto, mas muito mais do que isso. É um termo técnico que significa: acusação rejeitada".[8]

Em segundo lugar, *os opositores devem fazer provisão para a obra* (6:8,9). O narrador registra:

> Também por mim se decretou o que haveis de fazer a estes anciãos dos judeus, para que reedifiquem esta Casa de Deus, a saber, que da tesouraria real, isto é, dos tributos dalém do rio, se pague, pontualmente, a despesa a estes homens, para que não se interrompa a obra. Também se lhes dê, dia após dia, sem falta, aquilo de que houverem mister: novilhos, carneiros e cordeiros, para holocausto ao Deus dos céus; trigo, sal, vinho e azeite, segundo a determinação dos sacerdotes que estão em Jerusalém (6:8,9).

Além de se retirarem e não interromperem a obra, os opositores tinham o dever de fazer provisão para a obra, e isso, dos próprios recursos do Estado, tirando dos cofres reais, dos tributos recolhidos na região. Além dos custos da obra, o rei exigiu, também, que fossem fornecidos a Zorobabel, o governador dos judeus, e aos anciãos todos os componentes necessários para o holocausto e sacrifícios, segundo a determinação dos sacerdotes. Dario demonstra ser um rei generoso ao mesmo tempo que quer garantir a prática correta de culto.

Derek Thomas lança luz no assunto, quando diz que os persas apoiavam "iniciativas religiosas", pagas com fundos estatais arrecadados por políticas gerais de tributação. Esse tipo de política é a que Ageu se referiu quando profetizou que "as coisas preciosas de todas as nações" viriam para Jerusalém (Ag 2:7). Da época do decreto de Ciro (538 a.C.) à época de Artaxerxes (que começou a reinar em 465 a.C.), houve apoio oficial persa aos projetos de construção em Jerusalém, algo que ficará bem claro em Esdras 7:11-26. Esdras estava escrevendo para o público da época de Artaxerxes, dizendo que esse tipo de apoio havia estado evidente por mais de setenta anos.[9]

Em terceiro lugar, *os adoradores devem adorar a Deus e interceder pelo rei* (6:10). "Para que façam sacrifícios de aroma agradável a Deus dos céus e orem pela vida do rei e de seus filhos". O rei Dario reconhece o Deus dos judeus como o Deus dos céus, o Todo-Poderoso Deus. Por isso, pede orações em seu favor e em favor de seus filhos. Concordo com Tiberius Rata quando diz que, embora Dario provavelmente não estivesse adorando a Yahweh, ele esperava que esses decretos levassem os judeus a orar a Yahweh em seu favor e em favor de sua família.[10]

Em quarto lugar, *a ordem do rei deve ser cumprida à risca* (6:11,12). O narrador escreve:

> Também por mim se decreta que todo homem que alterar este decreto, uma viga se arrancará da sua casa, e que seja ele levantado e pendurado nela; e que da sua casa se faça um monturo. O Deus, pois, que fez habitar ali o seu nome derribe a todos os reis e povos que estenderem a mão para alterar o decreto e para destruir esta Casa de Deus, a qual está em Jerusalém. Eu, Dario, baixei o decreto; que se execute com toda a pontualidade.

O rei Dario adverte a Tatenai e aos seus companheiros que o seu decreto não pode ser alterado. A sanção para esse delito é a morte sumária do transgressor e de sua família. A punição de empalação era uma prática persa herdada dos assírios, geralmente reservada para os crimes mais graves, especialmente a sedição e a violação de juramentos do tratado.[11] Essa advertência estende-se a todos os reis que intentarem alterar o decreto, com o propósito de destruir a Casa de Deus. Dario baixou o decreto, requerendo a execução da Casa de Deus sem tardança.

A Casa de Deus concluída (6:13-15)

Destacamos, aqui, três pontos importantes:

Em primeiro lugar, *a pronta obediência* (6:13). "Então, Tatenai, o governador daquém do Eufrates, Setar-Bozenai e os seus companheiros assim o fizeram pontualmente, segundo decretara o rei Dario". Aos líderes do império daquém do Eufrates só restou uma obediência pronta e imediata. Ordens reais devem ser cumpridas. Foi o que fizeram. Eles se retiraram de Jerusalém, mas não sem antes alocarem recursos para a bom andamento da obra.

Em segundo lugar, *a confluência de fatores* (6:14). "Os anciãos dos judeus iam edificando e prosperando em virtude do que profetizaram o profeta Ageu e Zacarias, filho de Ido. Edificaram a casa e a terminaram segundo o decreto de Ciro, de Dario e de Artaxerxes, rei da Pérsia". O templo foi sendo edificado em virtude das profecias de Ageu e Zacarias e em virtude do decreto dos reis da Pérsia. Há aqui uma causa espiritual e outra política. As duas não estão em choque, mas complementam-se. Há uma confluência de fatores, uma convergência. Deus faz e os homens fazem também. Nas palavras de Derek Thomas, "Deus coloca em prática sua vontade providencial de tal maneira que os seres humanos e o Universo agem de acordo com sua própria natureza no processo".[12]

Embora o templo tivesse sido iniciado no reinado de Ciro, concluído e consagrado durante o reinado de Dario, Artaxerxes é mencionado aqui por causa de seu decreto, de sessenta anos mais tarde, que permitiu a Esdras devolver o resto dos utensílios sagrados do templo (7:1-26).[13] Tiberius Rata acrescenta: "Ainda que Artaxerxes tenha reinado muito mais tarde (465-424 a.C.), ele é mencionado para reforçar o argumento de que a reconstrução foi realizada devido à providência divina, a qual vai além do reinado de um único rei. Ciro, Dario e Artaxerxes desempenharam um papel na reconstrução do templo e de Jerusalém. Ciro baixou o decreto que iniciou a reconstrução, o templo foi concluído durante o reinado de Dario, e as muralhas da cidade foram concluídas durante o reinado de Artaxerxes.[14]

Em terceiro lugar, *a conclusão da Casa de Deus* (6:15). "Acabou-se esta casa no dia terceiro do mês de adar, no sexto ano do reinado do rei Dario". A obra iniciada e interrompida, agora está concluída e isso no ano 515 a.C., cerca de setenta anos depois de sua destruição pelos babilônios em 586 a.C., e, aproximadamente cinco anos e meio depois que Ageu e Zacarias chamaram o povo de volta ao trabalho (5:1).[15]

Derek Thomas diz que tanto o templo erigido por Salomão como o templo erguido por Zorobabel, apontavam para um templo futuro cuja descrição era ideal. Foi isso que Ezequiel fez na descrição magistral e detalhista do templo futuro que compõe os últimos nove capítulos de sua profecia (Ez 40-48). A profecia de Ezequiel demonstra notável semelhança com os últimos capítulos do livro de Apocalipse, nos quais há uma descrição parecida da Nova Jerusalém, de um rio e de árvores frutíferas que trazem cura para as nações. O que vemos no final do livro de Apocalipse? Uma nova cidade, um novo Éden e um mundo restaurado. Porém, algo está faltando: "Nela não vi santuário, porque o seu santuário é o Senhor, o Deus Todo-Poderoso, e o

Cordeiro" (Ap 21:22). Não há templo na Nova Jerusalém. Por que não? Porque, mais uma vez, quando a realidade existe (a presença de Deus), não há mais necessidade de símbolos.[16]

A Casa de Deus dedicada (6:16-18)

A inauguração da Casa de Deus, no ano 516 a.C., na cidade de Jerusalém, merece alguns destaques, segundo Derek Thomas: comparação, celebração, consciência pactual e cânon.[17] O segundo templo foi muito mais modesto do que o templo erigido por Salomão. Além do mais, o volume das ofertas foi muito menor (6:17; 1Rs 8:63; 2Cr 7:5). Inobstante, a dedicação a Deus revela a consciência pactual do povo bem como seu compromisso com a Palavra de Deus. Destacamos três pontos importantes:

Em primeiro lugar, *a dedicação festiva* (6:16). "Os filhos de Israel, os sacerdotes, os levitas e o restante dos exilados celebraram com regozijo a dedicação desta Casa de Deus". Quando os fundamentos do templo foram lançados, houve alegria e choro; mas na consagração do templo, houve uma celebração com regozijo de todos, ou seja, os filhos de Israel, os sacerdotes, os levitas e o restante dos exilados. Como diz Derek Thomas, "os judeus haviam saído do pior período da sua história, quando tudo parecia fadado ao esquecimento, como um povo que Deus ainda amava e a quem ainda garantia as misericórdias da sua aliança. Junto aos rios da Babilônia eles não conseguiam cantar. Dependuravam suas harpas. Mas, agora, a alegria invade o coração de todos".[18]

Concordo com Tiberius Rata quando diz que a expressão "os filhos de Israel" transmite a ideia de que o templo pertence a todos os israelitas, não somente às tribos de Judá e Benjamim.[19] A palavra para *dedicação* (*hanukka*) haveria de tornar-se o nome de uma festa para relembrar a reconsagração do templo em 165 a.C., depois da sua profanação por Antíoco Epifânio (Jo 10:22,23). Aplicava-se, no entanto, a qualquer coisa recém-terminada e colocada à disposição de Deus, desde um altar até a casa de uma pessoa (Dt 20:5) ou o muro de uma cidade (Ne 12:27).[20]

Em segundo lugar, *a singeleza das ofertas* (6:17). "Para a dedicação desta Casa de Deus ofereceram cem novilhos, duzentos carneiros, quatrocentos cordeiros e doze cabritos para oferta pelo pecado de todo o Israel, segundo o número das tribos de Israel". Para o alegre banquete de consagração foram sacrificados 712 animais, incluindo novilhos, carneiros, cordeiros e cabritos. Na dedicação da Casa de Deus foram oferecidas ofertas pelo pecado de todo o Israel, segundo o número das tribos de Israel. A partir de agora, não se fala mais em Reino do Norte e Reino do Sul. São novamente uma só nação. Demaray diz que os exilados que retornaram julgavam-se representantes das doze tribos de Israel, e não somente de Judá e Benjamim.[21] Os doze cabritos trazidos como oferta pelo pecado de todo o Israel, e não apenas de Judá e Benjamim, simbolizam a compreensão da comunidade pós-exílica de que o estágio abençoado em que se encontram é uma restauração completa, não parcial.[22] Nas palavras de Derek Thomas, "o Messias, do qual aqueles sacrifícios eram meros tipos e sombras, era o Messias de todo o Israel, de todo o verdadeiro povo de Deus: a igreja".[23]

Em terceiro lugar, *a regulamentação do serviço na Casa de Deus* (6:18). "Estabeleceram os sacerdotes nos seus turnos e os levitas nas suas divisões, para o serviço de Deus em Jerusalém, segundo está escrito no livro de Moisés". A fé de

Israel fora mantida viva durante a época do exílio. Embora distantes de Jerusalém e dos rituais diários do templo, os israelitas haviam mantido essas regras vivas.[24] O culto foi restabelecido com a regulamentação dos serviços, conduzidos pelos sacerdotes e levitas, conforme os preceitos do Livro de Moisés. Davi havia organizado os sacerdotes em vinte e quatro grupos de modo que pudessem ministrar com maior eficiência (1Cr 24:1-19). A declaração "segundo está escrito no Livro de Moisés" refere-se à consagração dos sacerdotes e não à sua organização (Lv 8-9).[25]

A celebração da Páscoa (6:19-22)

A Páscoa era a festa mais importante do calendário judaico. A Páscoa e a Festa dos Pães Asmos, que a sucede, marcaram o início da história de Israel como nação, quando o Senhor tirou o seu povo da escravidão do Egito com mão forte e poderosa e os quarenta anos da peregrinação do povo pelo deserto a caminho da terra prometida. Destacamos, aqui, três pontos importantes:

Em primeiro lugar, *a preparação para a Páscoa* (6:19,20). "Os que vieram do cativeiro celebraram a Páscoa no dia catorze do primeiro mês; porque os sacerdotes e os levitas se tinham purificado como se fossem um só homem, e todos estavam limpos; mataram o cordeiro da Páscoa para todos os que vieram do cativeiro, para os sacerdotes, seus irmãos, e para si mesmos". Todos os que voltaram do cativeiro participaram da Páscoa. Os sacerdotes e levitas purificaram-se. Então, o cordeiro da Páscoa foi imolado a fim de que todos comessem e relembrassem a grande redenção do passado e o grande livramento do presente. O cordeiro imolado e o sangue vertido colocado no batente das portas, apontava para o sacrifício perfeito de Cristo, o Cordeiro de

Deus que tira o pecado do mundo. Derek Thomas é oportuno, quando escreve: "A Páscoa assinalava vários aspectos da redenção: a satisfação da justiça de Deus, a propiciação da ira divina e o valor substitutivo do sangue do cordeiro, tanto para as famílias quanto para a comunidade da aliança em geral".[26]

Em segundo lugar, *a celebração da Páscoa* (6:21). "Assim, comeram a Páscoa os filhos de Israel que tinham voltado do exílio e todos os que, unindo-se a eles, se haviam separado da imundícia dos gentios da terra, para buscarem o Senhor, Deus de Israel". Participaram da Páscoa todos os filhos de Israel que tinham voltado do exílio, os que tinham permanecido na terra, bem como aqueles que se uniram a eles e se separaram da imundícia dos gentios. Judeus e prosélitos, devidamente preparados, participaram da Páscoa. Assim é a igreja de Deus, composta de judeus e gentios, remidos pelo sangue do Cordeiro.

Como já afirmamos, a Páscoa instituída por Deus, no êxodo, aponta para o Cordeiro de Deus que foi morto para comprar com o seu sangue aqueles que procedem de toda tribo, língua, povo e nação (Ap 5:9). Nas palavras de Derek Thomas:

> O sangue fez propiciação pela ira de Deus, satisfazendo sua justiça para com aqueles que clamaram pela sua proteção. Ele era propiciatório porque era substitutivo. Naquela noite da Páscoa, houve um morto em todos os lares do Egito: ou um primogênito, ou um cordeiro. Israel como o "primogênito" de Deus (Êx 4:22), foi poupado à custa da vida de outro. O Novo Testamento adota o refrão desses primeiros rituais da Páscoa: "Cristo, nosso Cordeiro pascal, foi imolado" (1Co 5:7). Jesus é o Cordeiro de Deus, que tira o pecado do mundo (Jo 1:29). Poucas coisas poderiam ser mais claras do que aquilo que a

> Páscoa simbolizava – a provisão de um Substituto, de um Cordeiro perfeito, o qual haveria de suportar a ira merecida pelo pecado colocando-se no lugar dos pecadores.[27]

Em terceiro lugar, *a alegria com que participaram da Páscoa* (6:22). "Celebraram a Festa dos Pães Asmos por sete dias, com regozijo, porque o Senhor os tinha alegrado, mudando o coração do rei da Assíria a favor deles, para lhes fortalecer as mãos na obra da Casa de Deus, o Deus de Israel". A Festa dos Pães Asmos foi celebrada em conjunto com a Páscoa, durante uma semana, e isso, debaixo de um clima alegre e festivo, uma alegria incomum oriunda do próprio Deus de Israel. Assim como Deus dirigiu o coração de Ciro, Deus também mudou o coração de Dario, que é chamado aqui de o rei da Assíria. Concordo com Tiberius Rata, quando diz que os israelitas e os gentios são personagens secundários nesse grande drama, cujo Ator principal é também o Diretor.[28]

Notas

1 THOMAS, Derek. *Esdras e Neemias*, p. 89.
2 Ibidem, p. 91.
3 Ibidem, p. 89.
4 RATA, Tiberius. *Esdras e Neemias*, p. 72.
5 DEMARAY, C. E. *O Livro de Esdras*, p. 495.
6 RATA, Tiberius. *Esdras e Neemias*, p. 72.
7 WIERSBE, Warren W. *Comentário Bíblico Expositivo*. Vol. 2, p. 597.
8 RATA, Tiberius. *Esdras e Neemias*, p. 72.
9 THOMAS, Derek. *Esdras e Neemias*, p. 93.
10 RATA, Tiberius. *Esdras e Neemias*, p. 73.
11 RATA, Tiberius. *Esdras e Neemias*, p. 73.

[12] THOMAS, Derek. *Esdras e Neemias*, p. 94.
[13] DEMARAY, C. E. *O Livro de Esdras*, p. 496.
[14] RATA, Tiberius. *Esdras e Neemias*, p. 74.
[15] WIERSBE, Warren W. *Comentário Bíblico Expositivo*. Vol. 2, p. 598.
[16] THOMAS, Derek. *Esdras e Neemias*, p. 97.
[17] Ibidem, p. 99.
[18] Ibidem, p. 101.
[19] RATA, Tiberius. *Esdras e Neemias*, p. 74.
[20] KIDNER, Derek. *Esdras e Neemias: Introdução e Comentário*, p. 64.
[21] DEMARAY, C. E. *O Livro de Esdras*, p. 496.
[22] RATA, Tiberius. *Esdras e Neemias*, p. 75.
[23] THOMAS, Derek. *Esdras e Neemias*, p. 103.
[24] Ibidem, p. 104.
[25] WIERSBE, Warren W. *Comentário Bíblico Expositivo*. Vol. 2, p. 598.
[26] THOMAS, Derek. *Esdras e Neemias*, p. 109.
[27] Ibidem, p. 110, 111.
[28] RATA, Tiberius. *Esdras e Neemias*, p. 76.

Capítulo 7

Esdras, um homem que age sob a boa mão de Deus

(Esdras 7:1-28)

Agora, finalmente, encontramos o homem de quem todo o livro herdou o nome. Esse capítulo e o seguinte introduzirão o sacerdote e erudito escriba Esdras, sua tarefa e sua expedição. Os outros dois demonstrarão a desordem moral que encontrou em Jerusalém, e as medidas que tomou, sem poupar ninguém.[1]

Esdras foi o grande precursor da pregação expositiva. Foi um escriba erudito, um profundo conhecedor das Escrituras. Ele revelou douto saber da lei de Moisés. Seu conhecimento foi transformado em vida e seu conhecimento associado à piedade fez dele um expositor poderoso da Palavra.

Alexander White o descreveu como "um grande estudioso, um grande estadista, um grande reformador e um grande pregador".[2]

O texto em tela narra o que aconteceu cerca de sessenta anos depois da consagração do segundo templo de Jerusalém. Esdras encabeça a segunda leva de judeus rumo a Jerusalém, agora, sob o governo de Artaxerxes, isso nos idos de 458 a.C.; enquanto o templo fora consagrado no governo de Dario, por volta do ano 516 a.C.

Esdras leva consigo um grupo de pessoas incluindo sacerdotes, levitas, porteiros do templo, cantores e servos. É digno de nota que já fazia mais de oitenta anos que o primeiro grupo de exilados fora conduzido a Jerusalém sob a liderança de Zorobabel. Resta claro afirmar que Esdras e todos os que o acompanharam não haviam nascido em Jerusalém nem conheciam a cidade de seus pais. Porém, mesmo em solo estrangeiro, numa terra eivada de idolatria, Esdras permaneceu fiel ao seu Deus, sendo um zeloso estudioso da lei. Ele chega em Jerusalém como um pregador poderoso, que vai abrir a palavra, ler o texto, explicar o texto e aplicar o texto. Os resultados da sua pregação poderosa vão produzir um verdadeiro reavivamento espiritual em Jerusalém (Ne 8-10).

Esdras, um líder preparado por Deus (7:1-10)

Já fazia mais de um século que Jerusalém havia caído nas mãos dos caldeus. A Babilônia já havia caído nas mãos do Império Medo-Persa. Os judeus exilados já tinham recebido permissão para voltar à sua terra logo no primeiro ano do reinado do rei Ciro. Agora, no reinado de Artaxerxes, é que Esdras entra em cena. Esdras é um líder que está debaixo da boa mão de Deus. Só por isso conseguiu realizar coisas tão extraordinárias em nome de Deus para o povo de Deus. Concordo com Warren Wiersbe, quando diz que a ascensão e queda de todas as coisas deve-se à liderança. Quando Deus quis livrar o povo de Israel do Egito, chamou Moisés e Arão. Quando Israel encontrava-se dividido e derrotado, chamou Samuel para ensinar a Palavra e Davi para ser rei. Por outro lado, quando Deus quer julgar uma nação, envia líderes medíocres (Is 3:1-8).[3]

Destacamos, aqui, alguns pontos importantes:

Em primeiro lugar, *uma linhagem santa* (7:1-5). O escritor sagrado registra:

> Passadas estas coisas, no reinado e Artaxerxes, rei da Pérsia, Esdras, filho de Seraías, filho de Azarias, filho de Hilquias, filho de Salum, filho de Zadoque, filho de Aitube, filho de Amarias, filho de Azarias, filho de Meraiote, filho de Zeraías, filho de Uzi, filho de Buqui, filho de Abisua, filho de Finéias, filho de Eleazar, filho de Arão, o sumo sacerdote, este Esdras subiu da Babilônia (7:1-5).

"Passadas estas coisas...". A expressão "passadas estas coisas" coloca quase sessenta anos entre esse capítulo e o anterior. Os fatos aqui registrados ocorrem no sétimo ano (7:7) do rei Artaxerxes (465-423 a.C.).

O narrador faz questão de dar as credenciais de Esdras, vinculando-o à nobre estirpe sacerdotal, relatando que ele procede da família de Arão, o primeiro sumo sacerdote de Israel. Sua genealogia conferia a ele posição social e poder espiritual. Essa genealogia cita alguns líderes bastante conhecidos, homens como Hilquias, Zodoque e Finéias. Esdras sabia o nome de seus antepassados e aquilo que esses homens haviam feito e aproveitou ao máximo essa herança.[4] Suas credenciais legitimavam seu ofício. Derek Kidner diz que seu nome ocupa uma posição elevadíssima na tradição judaica, onde veio a ser considerado um segundo Moisés. E realmente foi Esdras, mais do que qualquer outro homem, quem deu a Israel o seu caráter permanente do povo de um livro.[5]

Derek Thomas afirma que Esdras precisava apresentar suas credenciais porque não era conhecido em Jerusalém. Ninguém podia chegar e se autoproclamar sacerdote. Os sacerdotes não eram escolhidos pelos caprichos do sumo sacerdote. Eles nasciam numa linhagem familiar com ascendência em Arão, o primeiro sumo sacerdote. Esdras tinha o direito legal de ser sacerdote.[6]

Esdras, certamente tinha informação de que o templo fora reerguido em Jerusalém, mas será que as pessoas estavam vivendo de acordo com a lei de Moisés? O primeiro templo fora destruído por causa da presunção, formalismo e negligência do povo. Havia uma confiança mística no templo. Fizeram da casa de Deus uma espécie de amuleto espiritual (Jr 7:4-11). Será que os mesmos perigos não estavam rondando novamente o povo judeu? Era necessário, portanto, um homem de seu jaez para ir ao encontro do povo da aliança, para ensinar a eles a verdade.

Em segundo lugar, *um estudioso da lei* (7:6). "Ele era escriba versado na lei de Moisés, dada pelo Senhor, Deus de Israel; e, segundo a boa mão do Senhor, seu Deus, que estava sobre ele, o rei lhe concedeu tudo quanto lhe pedira". Esdras era um erudito. Um escriba versado na lei de Moisés. Tinha douto saber teológico. Além de profundo conhecimento, ele tinha a boa mão de Deus sobre sua vida. E mais, ele tinha livre trânsito com o rei Artaxerxes, o rei dos reis (7:12), a ponto de fazer solicitações ao rei com respeito à sua ida a Jerusalém para promover o culto verdadeiro e restaurar a cidade. Concordo com Derek Thomas, quando escreve: "Esdras recebeu autoridade do próprio rei Artaxerxes, o que o colocava em pé de igualdade com os líderes do primeiro retorno – Sesbazar, Zorobabel e Jesua, os quais tinham vindo com a permissão do rei Ciro (1:8; 2:1). Porém, mais do que isso, Esdras aparece nesse livro quase como um segundo Moisés: um legislador e mestre estabelecendo o perfil de "uma nação sob o governo de Deus".[7]

O que significa dizer que Esdras era um escriba versado na lei de Moisés? O termo "escriba" era originalmente empregado para descrever a posição do secretário de Estado (2Sm 20:25) ou secretário particular da realeza (2Sm 8:17; 2Rs 22:3-13). Mais tarde, o termo "escriba" passou a indicar quem estudava, interpretava e copiava as Escrituras. Sendo assim, Esdras era algum tipo de oficial político enviado a Jerusalém pelo rei Artaxerxes. Ele talvez fosse os olhos e ouvidos do rei em Judá, relatando-lhe o que acontecia ali. Era, portanto, um profissional da mais alta ordem.[8]

Em terceiro lugar, *um líder que tem ajuda do céu e da terra* (7:7-9). Esdras registra:

> Também subiram a Jerusalém alguns dos filhos de Israel, dos sacerdotes, dos levitas, dos cantores, dos porteiros e dos servidores do templo, no sétimo ano do rei Artaxerxes. Esdras chegou a Jerusalém no quinto mês, no sétimo ano deste rei; pois, no primeiro dia do primeiro mês, partiu da Babilônia e, no primeiro dia do quinto mês, chegou a Jerusalém, segundo a boa mão do seu Deus sobre ele (7:7-9).

Esdras lidera a segunda leva de judeus para Jerusalém com a bênção de Deus e as benesses do rei Artaxerxes. Ele tem a boa mão de Deus sobre ele e as dádivas do rei em suas mãos. Céu e terra estão a seu favor. A viagem perigosa e cheia de percalços durou quatro meses sem qualquer intercorrência. Eles saíram no primeiro dia do primeiro mês e chegaram no primeiro dia do quinto mês.

Derek Thomas chega a dizer que Esdras era um reformador-modelo. Assim como João Calvino é sempre associado a Genebra, e John Knox a Edimburgo, Esdras é associado a Jerusalém. O que o destacou como reformador foi o fato de que "a boa mão do Senhor, seu Deus, estava sobre ele" (7:6,9,28; Ne 2:8,18).[9] Demaray chega a afirmar que alguns estudiosos sugerem que Esdras, provavelmente, tenha galgado uma posição no Império Persa comparável ao secretário de Estado para assuntos dos judeus.[10] Tiberius Rata corrobora: "Não podemos contestar o fato de que ele ocupou uma posição importante no Império Persa, visto que o rei lhe confiou uma missão importante".[11]

Derek Kidner ainda diz que Esdras é um reformador-modelo, porque tinha vivido primeiramente aquilo que ensinava, e aquilo que vivia tinha primeiramente averiguado nas Escrituras. Com o estudo, a conduta e o ensino colocados deliberadamente nesta ordem certa, cada um destes podia funcionar corretamente nas suas melhores condições: mediante o estudo ele foi livrado da irrealidade; mediante a conduta, da incerteza; e através do ensino, foi livrado da insinceridade e da superficialidade.[12]

Em quarto lugar, *um líder que vive o que ensina* (7:10). "Porque Esdras tinha disposto o coração para buscar a lei do Senhor, e para a cumprir, e para ensinar em Israel os seus estatutos e os seus juízos". O ministério de Esdras foi uma espécie de retorno às Escrituras. Por isso, foi considerado um reformador. Ele não pregou usos e costumes. Não pregou amenidades nem uma mensagem humanista. Não pregou para agradar as pessoas nem usou o púlpito para tratar de questões políticas e econômicas. Esdras não foi um alfaiate do efêmero, mas um escultor do eterno. Ele não pregou para auferir vantagens pessoais, mas para levar seus ouvintes ao arrependimento.

O profundo conhecimento de Esdras, granjeado pelo seu acendrado estudo da lei de Moisés, não tinha o propósito apenas de ter luz na mente. Ele também colocou em prática o que aprendeu. Mas não parou aí. Ele ensinou aos outros o que conhecia e praticava. Esdras pregava aos ouvidos e aos olhos. Ele conhecia e fazia, fazia e ensinava. Destacamos três pontos importantes:

Primeiro, Esdras dispôs o coração para buscar a lei do Senhor. Não se ensina corretamente sem conhecer profundamente. Afadigar-se na Palavra precede o ensinar eficazmente a Palavra. Quem cessa de aprender, cessa de ensinar. Não podemos dar o que não temos. Primeiro o pregador dispõe o coração a conhecer, depois se levanta para ensinar. Escasseiam-se os pregadores aplicados no conhecimento das Escrituras. Há pregadores que tentam ensinar o povo do êxtase de suas emoções e do vazio de sua cabeça. Os púlpitos estão rasos e os pregadores superficiais. Quando os púlpitos fracassam no conhecimento, o povo de Deus se torna desnutrido, fraco e vulnerável. Não havendo profecia o povo se corrompe. O profeta Oséias já havia alertado: "O meu povo está sendo destruído, porque lhe falta o conhecimento" (Os 4:6). Mais do que nunca precisamos de um reavivamento nos púlpitos. É urgente uma sacudidela nos pregadores acomodados, a fim de que se apliquem ao conhecimento e se esmerem no ensino. Que Deus nos dê pregadores que manejem bem a palavra da verdade, semelhantes a Esdras.

Segundo, Esdras dispôs o coração para cumprir a lei do Senhor. O pregador não é um orador que discursa diante do auditório nem um ator que dramatiza uma mensagem diante de expectadores. Ele primeiro conhece o que prega; depois vive o que prega; e só então prega eficazmente. A vida do pregador é a vida de sua mensagem. Na verdade, Deus está mais interessado em caráter do que em carisma. Deus se importa mais com a vida privada do pregador do que com seu desempenho em público. Esdras cuidou de si mesmo antes de cuidar do rebanho de Deus. Ele pregou a si mesmo antes de embocar a trombeta à congregação. Sua vida era avalista de suas palavras. Seu testemunho, o exemplo de sua prédica.

Terceiro, Esdras dispôs o coração para ensinar os estatutos e os juízos de Deus. Conhecer e viver precedem o ensinar. Só aqueles que conhecem e praticam estão aptos a ensinar com eficácia. A palavra precisa ser preservada de contaminação e nela precisamos permanecer. Mas não basta mantê-la intacta. A palavra precisa ser proclamada e ensinada. Esdras não guardou esse depósito apenas para si. Ele ensinou os estatutos e juízos do Senhor. Ele leu, explicou e aplicou a palavra, a ponto de todos a entenderam (Ne 8:8). Sua mensagem era clara e profunda. Atingia o intelecto, as emoções e a vontade. Um reavivamento ocorreu em Jerusalém como fruto de sua pregação. Mudanças profundas ocorreram. Arrependimento sincero foi notado. Uma volta para Deus foi constatada. Jerusalém foi restaurada física e espiritualmente. Que Deus nos dê pregadores da estirpe de Esdras!

Com o propósito de aprofundar este assunto, faremos a seguir uma análise do capítulo 8 do livro de Neemias, que aborda o ministério de pregação de Esdras. Vejamos:

O ajuntamento para ouvir a Palavra de Deus

O despertamento do povo de Deus começa quando este se reúne para ouvir a exposição das Escrituras. Vamos ver como foi esse ajuntamento na cidade de Jerusalém.

Em primeiro lugar, *um ajuntamento espontâneo* (Ne 8:1). "Em chegando o sétimo mês, e estando os filhos de Israel nas suas cidades, todo o povo se ajuntou como um só homem, na praça, diante da Porta das Águas; e disseram a Esdras, o escriba, que trouxesse o livro da lei de Moisés, que o Senhor tinha prescrito a Israel". Deus moveu o coração do povo para reunir-se para buscar a Palavra de Deus. Eles não se reuniram ao redor de qualquer outro interesse. Hoje o povo busca resultados, prosperidade, milagres, benefícios pessoais e não a Palavra de Deus. Querem as bênçãos de Deus, mas não o Deus das bênçãos. Têm fome de prosperidade e sucesso, mas não têm fome da Palavra. Temos criado muitos atrativos na igreja para chamar o povo, mas nada pode nos atrair mais do que a fome pela Palavra. Nossa motivação precisa ser a Palavra. Não temos outra coisa a oferecer ao povo a não ser a Palavra.

Em segundo lugar, *um ajuntamento unânime* (Ne 8:2,3). Está escrito:

> Esdras, o sacerdote, trouxe a lei perante a congregação, tanto de homens como de mulheres e de todos os que eram capazes de entender o que ouviam. Era o primeiro dia do sétimo mês. E leu no livro, diante da praça, que está fronteira à Porta das Águas, desde a alva até ao meio-dia, perante homens e mulheres e os que podiam entender; e todo o povo tinha os ouvidos atentos ao livro da lei (Ne 8:2,3).

Todo o povo: homens, mulheres e crianças reuniram-se para buscar a Palavra de Deus. Ninguém ficou de fora.

Pobres e ricos, agricultores e nobres, homens e mulheres. Eles tinham um alvo em comum, buscar a Palavra de Deus. Precisamos ter vontade de nos reunir não apenas para ouvirmos cantores famosos ou pregadores conhecidos, mas reunirmo-nos para ouvirmos a Palavra de Deus. O centro do culto não é o homem, é Deus; não é a programação que elaboramos, mas a pregação da Palavra de Deus.

Em terceiro lugar, *um ajuntamento harmonioso* (Ne 8:1). "Todo o povo se ajuntou como um só homem...". Não havia apenas ajuntamento, mas comunhão. Não apenas estavam perto, mas eram unidos de alma. A união deles não era em torno de encontros sociais, mas em torno da Palavra de Deus. Muitas igrejas precisam promover coisas especiais todos os dias para atrair o povo. Se não tiver um pregador especial, um cantor conhecido, o povo não vem. Ajuntamos as pessoas em torno do humano e do terreno, em vez ajuntá-las em torno do divino e do celestial. Uma igreja saudável tem fome da Palavra. Corre para ouvir a Palavra. Ajunta-se para dar atenção à voz de Deus.

Em quarto lugar, *um ajuntamento proposital* (Ne 8:1). "... e disseram a Esdras, o escriba, que trouxesse o livro da lei de Moisés, que o Senhor tinha prescrito a Israel". O propósito do povo era ouvir a Palavra de Deus. Eles tinham sede da Palavra. Eles tinham pressa de ouvir a Palavra. Não era qualquer novidade que os atraía, mas a Palavra de Deus. Há igrejas que querem entretenimento e não entendimento; querem emoção e não compreensão; querem experiências e não o conhecimento da verdade; querem uma panaceia para os males do agora e não a salvação de sua alma.

Em quinto lugar, *um ajuntamento pontual* (Ne 8:3). O povo todo estava presente desde o nascer do sol. Eles se preparam para aquele grande dia. Havia expectativa no coração deles para ouvir a lei de Deus. A Palavra precisa ser prioridade para sermos pontuais. Uma pessoa que se atrasa sistematicamente para um compromisso transmite várias mensagens: 1) O tempo dela é mais importante do que o dos outros; 2) As outras pessoas que ela vai encontrar não são muito importantes para ela; 3) Ela não tem o cuidado de cumprir compromissos. Muitos cristãos perderam de vista a preparação conveniente para ir à Casa de Deus. Marcamos nossas festas e encontramos para sábado à noite e no domingo cedo, estamos sonolentos, indispostos e muitos preferem a cama ao templo; preferem o sono ao culto; preferem o descanso à Palavra. Damos a Deus o resto: o resto do nosso tempo e de nossas energias. Temos tempo para tudo, menos para Deus. Precisamos ser revitalizados!

A supremacia da Palavra de Deus

Destacamos alguns pontos importantes:

Em primeiro lugar, *o pregador precisa estar comprometido com a Palavra de Deus* (Ne 8:4,5). "Esdras, o escriba, estava num púlpito de madeira, que fizeram para aquele fim; estavam em pé junto a ele, à sua direita, Matitias, Sema, Anaías, Urias, Hilquias e Maaseias; e à sua esquerda, Pedaías, Misael, Malquias, Hasum, Hasbadana, Zacarias e Mesulão. Esdras abriu o livro à vista de todo o povo, porque estava acima dele; abrindo-o ele, todo o povo se pôs em pé". Esdras era um homem comprometido com a Palavra de Deus (7:10). O povo não lhe pediu para que lhe fosse contado bonitas experiências, mas para lhe expor a Palavra de Deus. A maior necessidade da igreja é de homens que conheçam, vivam e preguem a Palavra de Deus com fidelidade. A pregação é a maior necessidade da igreja e do mundo. A pregação é a tarefa mais importante que existe no mundo. O impacto causado pela leitura da Palavra de Deus por Esdras é comparado ao impacto da Bíblia na época da Reforma do século XVI. Precisamos nos tornar o povo "do livro", "da Palavra". Não há reavivamento sem a restauração da autoridade da Palavra.

Em segundo lugar, *o povo precisa estar sedento da Palavra de Deus* (Ne 8:1,3). A Bíblia é o anseio do povo. Eles se reúnem como um só homem (Ne 8:1), com os ouvidos atentos (Ne 8:3), reverentes (Ne 8:6), chorando (Ne 8:9), alegrando (Ne 8:12) e prontos a obedecer (Ne 8:17). Eles querem não farelo, mas trigo. Eles querem pão do céu e não palha. Eles querem a verdade de Deus e não as últimas novidades do mercado da fé. Eles buscam pão onde havia pão.

Em terceiro lugar, *a atitude do povo em relação à Palavra de Deus.* O povo teve quatro atitudes importantes em relação à Palavra: 1) *Ouvidos atentos* (Ne 8:3). O povo permaneceu desde a alva até ao meio-dia, sem sair do lugar (Ne 8:7), com os ouvidos atentos. Não havia dispersão, distração nem enfado. Eles estavam atentos não ao pregador, mas ao livro da lei. Não havia esnobismo nem tietagem, mas fome da Palavra. 2) *Mente desperta* (Ne 8:2,3,8). A explicação era lógica, para que todos entendessem. O reavivamento não foi um apelo às emoções, mas um apelo ao entendimento. A superstição irracional era a marca do paganismo. O profeta Oseias diz: "O povo está sendo destruído porque lhe falta o conhecimento" (Os 4:6). 3) *Reverência* (Ne 8:5). "Esdras abriu o livro à vista de todo o povo, porque estava acima dele; abrindo-o ele, todo o povo se pôs em pé". Essa era uma atitude de reverência e respeito à Palavra de Deus. Esse púlpito elevado não era para revelar a infalibilidade do pregador, mas a supremacia da Palavra. 4) *Adoração*

(Ne 8:6). "Esdras bendisse ao Senhor, o grande Deus; e todo o povo respondeu: Amém! Amém -, levantando as mãos; inclinaram-se e adoraram o Senhor, com o rosto em terra". Esdras ora, o povo responde com um sonoro amém, levanta as mãos e se prostra para adorar. Onde há oração e exposição da Palavra, o povo exalta a Deus e o adora, prostrado aos seus pés.

A primazia da pregação da Palavra de Deus

A pregação expositiva pode ser sintetizada em três verbos chaves. Foi isso que aconteceu com a pregação de Esdras. Vejamos:

Em primeiro lugar, *ler o texto da Palavra de Deus* (Ne 8:2,3,5). A leitura do texto é a parte mais importante do sermão. O texto é a fonte da mensagem e a autoridade do mensageiro. O sermão só é sermão se ele se propõe a explicar o texto. Há pregadores que leem o texto atabalhoadamente. Há outros que atropelam o texto, mostrando um total descaso à Palavra. Há aqueles que leem o texto bíblico sem qualquer entusiasmo, revelando profundo desinteresse a seu conteúdo. Você conhece o compromisso de um pregador com as Escrituras, a partir da leitura que faz do texto bíblico para pregar.

Em segundo lugar, explicar o texto da Palavra de Deus (Ne 8:7,8). "E Jesua, Bani, Serebias, Jamim, Acube, Sabetai, Hodias, Maaseias, Quelita, Azarias, Jozabade, Hanã, Pelaías e os levitas ensinavam o povo na lei; e o povo estava no seu lugar. Leram no livro da lei de Deus, claramente, dando explicações, de maneira que entendessem o que se lia". O cristianismo é a religião do entendimento. Ele não nos rouba o cérebro, mas traz luz à mente. O sincretismo religioso anula a razão. Pregar é explicar o texto. A mensagem é baseada na exegese, ou seja, tirar do texto, o que está no texto. Não podemos impor ao texto, nossas ideias. Isso é *eixegese*. Calvino dizia que pregação é a explicação do texto. O púlpito é o trono de onde Deus governa a sua igreja. Lutero dizia que existe a Palavra de Deus escrita, encarnada e pregada. Muitos hoje dizem: "Eu já tenho o sermão, só falta o texto". Isso não é pregação. Deus não tem nenhum compromisso com a palavra do pregador, e sim com a sua Palavra. É a Palavra de Deus que não volta vazia e não a palavra do pregador. Aquele que faz a obra de Deus relaxadamente é maldito. Apresentar-se diante do povo de Deus sem preparação conveniente é um grave pecado. Precisamos ser obreiros aprovados. Precisamos nos afadigar na Palavra para cavar seus tesouros inesgotáveis. Um pregador que não é afeito à leitura não pode ter um ministério relevante. Um pregador preguiçoso, que não se esmera no ensino, é negligente. Um pregador que tenta enganar o povo com arroubos de eloquência e com técnicas modernas de comunicação, mas sonega ao povo a explicação do texto sagrado, está desqualificado para o ministério.

Em terceiro lugar, aplicar o texto da Palavra de Deus (Ne 8:9-12). O texto sagrado diz:

> Neemias, que era o governador, e Esdras, sacerdote e escriba, e os levitas que ensinavam todo o povo lhe disseram: Este dia é consagrado ao Senhor, vosso Deus, pelo que não pranteeis, nem choreis. Porque todo o povo chorava, ouvindo as palavras da lei. Disse-lhe mais: ide, comei carnes gordas, tomai bebidas doces e enviai porções aos que não têm nada preparado para si; porque este dia é consagrado ao nosso Senhor; portanto, não vos entristeçais, porque a alegria do Senhor é a vossa força. Os levitas fizeram calar todo o povo, dizendo: Calai-vos, porque este dia é santo, e não estejais contristados. Então, todo o povo

> se foi a comer, a beber, a enviar porções e a regozijar-se grandemente, porque tinham entendido as palavras que lhes foram explicadas (Ne 8:9-12).

Depois da exposição do texto veio a aplicação. O choro converte-se em alegria, a tristeza em celebração, o culto numa oportunidade de servir ao próximo. Na verdade, o sermão é uma ponte entre dois mundos: o texto e o ouvinte. Precisamos ler o texto e ler o povo. Não pregamos diante da congregação, mas à congregação. Onde começa a aplicação, começa o sermão. Há um grande perigo da chamada *heresia da aplicação.* Se não interpretamos o texto corretamente, vamos aplicá-lo distorcidamente. Vamos prometer o que Deus não está prometendo e corrigir quando Deus não está corrigindo. A exposição e a aplicação da Palavra de Deus produziram na vida do povo uma gloriosa restauração espiritual.

Os efeitos da pregação da Palavra de Deus

Vejamos, agora, os efeitos da pregação:

Em primeiro lugar, *atinge o intelecto* (Ne 8:8). A pregação é dirigida à mente. O culto deve ser racional. Devemos apelar ao entendimento (Ne 8:2, 3,8,12). John Stott disse que crer é também pensar. Nada empolga tanto como estudar teologia. O conhecimento da verdade enche a nossa cabeça de luz, aquece nosso coração e nos prepara para a vida. O povo que conhece a Deus é forte e ativo (Dn 11:32).

Em segundo lugar, *atinge a emoção* (Ne 8:9-12). Quando o povo ouviu a palavra, houve choro pelo pecado (Ne 8:9). A Palavra de Deus produz quebrantamento, arrependimento e choro pelo pecado. O verdadeiro conhecimento nos leva às lágrimas. Quanto mais perto de Deus você está, mais tem consciência de que é pecador, mais chora pelo pecado. O emocionalismo é inútil, mas a emoção produzida pelo entendimento é parte vital da fé cristã. É impossível compreender a verdade sem ser tocado por ela. Ao ouvir a Palavra, houve também a alegria da restauração (Ne 8:10). As festas deviam ser celebradas com alegria (Dt 16:11,14).

A alegria tem três aspectos importantes: 1) uma origem divina – "A alegria do Senhor". Essa não é uma alegria circunstancial, momentânea, sentimental. É a alegria de Deus, indizível e cheia de glória. 2) Um conteúdo bendito – Deus não é apenas a origem, mas o conteúdo dessa alegria. O povo regozija-se não apenas por causa de Deus, mas em Deus: sua graça, seu amor, seus dons. É na presença de Deus que há plenitude de alegria. 3) Um efeito glorioso – "A alegria do Senhor é a nossa força". Quem conhece essa alegria não olha para trás como a mulher de Ló. Quem bebe da fonte das delícias de Deus não vive cavando cisternas rotas. Quem bebe das delícias de Deus não sente saudades do Egito. Essa alegria é a nossa força. Foi essa alegria que Paulo e Silas sentiram na prisão. Essa é a alegria que os mártires sentiram na hora da morte.

Em terceiro lugar, *atinge a vontade* (Ne 8:11,12). Dois resultados aconteceram depois que o povo ouviu a Palavra: 1) Obediência a Deus (Ne 8:12). O povo obedeceu a voz de Deus e deixou o choro e começou a regozijar-se. 2) Solidariedade ao próximo (Ne 8:12). O povo começou não apenas a alegrar-se em Deus, mas a manifestar seu amor ao próximo, enviando porções àqueles que nada tinham. Não podemos separar a dimensão vertical da horizontal no culto.

A observância da Palavra de Deus

Destacaremos aqui, três verdades importantes:

Em primeiro lugar, *a liderança toma a iniciativa de observar a Palavra de Deus* (Ne 8:13-15). Está escrito:

> No dia seguinte, ajuntaram-se a Esdras, o escriba, os cabeças das famílias de todo o povo, os sacerdotes e os levitas, e isto para atentarem nas palavras da lei. Acharam escrito na lei que o Senhor ordenara por intermédio de Moisés que os filhos de Israel habitassem em cabanas, durante a festa do sétimo mês; que publicassem e fizessem passar pregão por todas as suas cidades e em Jerusalém, dizendo: Saí ao monte e trazei ramos de oliveiras, ramos de zambujeiros, ramos de murtas, ramos de palmeiras e ramos de árvores frondosas, para fazer cabanas, como está escrito (Ne 8:13-15).

Esdras no dia seguinte organiza um estudo bíblico mais profundo para a liderança (Ne 8:13). Um grande reavivamento está acontecendo como resultado da observância e obediência à Palavra de Deus. Essa mudança é iniciada pelos líderes do povo. Havia práticas que haviam caído no esquecimento. Eles voltaram à Palavra e começaram a perceber que precisavam ser regidos pela Palavra. A Escritura deve guiar a igreja sempre. A primeira tentação do diabo não foi sobre sexo ou dinheiro, mas suscitar dúvidas acerca da Palavra de Deus.

Em segundo lugar, *os liderados obedecem a orientação da Palavra de Deus* (Ne 8:16-18). O texto diz:

> Saiu, pois, o povo, trouxeram os ramos e fizeram para si cabanas, cada um no seu terraço, e nos seus pátios, e nos átrios da Casa de Deus, e na praça da Porta de Efraim. Toda congregação dos que tinham voltado do cativeiro fez cabanas e nelas

> habitou; porque nunca fizeram assim os filhos de Israel, desde os dias de Josué, filho de Num, até àquele dia; e houve mui grande alegria. Dia após dia, leu Esdras no livro da lei de Deus, desde o primeiro dia até ao último; e celebraram a festa por sete dias; no oitavo dia, houve uma assembleia solene, segundo o prescrito (Ne 8:16-18).

Toda a liderança e todo o povo se mobilizam para acertar a vida de acordo com a Palavra. Havia uma unanimidade em buscar a Palavra e em obedecê-la. Esse reavivamento espiritual foi tão extraordinário que desde Josué, ou seja, há mil anos que a Festa dos Tabernáculos nunca tinha sido realizada com tanta fidelidade ao ensino das Escrituras. Essa festa lembrava a colheita (Êx 34:22) e a peregrinação no deserto (Lv 23:43). Em ambas as situações o povo era totalmente dependente de Deus. Se queremos restauração para a igreja, precisamos buscar não as novidades, mas voltarmo-nos para as Escrituras.

Em terceiro lugar, *a alegria de Deus sempre vem sobre o povo quando este obedece a Palavra de Deus* (Ne 8:10,17b). "A alegria do Senhor é a vossa força" (Ne 8:10) e "...e houve mui grande alegria" (Ne 8:17b). O mundo está atrás da alegria, mas ela é resultado da obediência à Palavra de Deus. O pecado entristece, adoece, cansa. Mas, a obediência à Palavra de Deus traz uma alegria indizível e cheia de glória. Um povo alegre é um povo forte. A alegria do Senhor é a nossa força. Quando você está alegre, a força de Deus o entusiasma!

Resultados gloriosos são colhidos quando o povo se volta para a Palavra de Deus. Dois resultados são apontados: 1) Confissão de pecado. No capítulo 9 vemos uma das mais profundas orações da Bíblia onde Neemias confessa o seu pecado e o pecado do seu povo. Sempre que a Palavra é exposta há choro pelo pecado e abandono do pecado. 2) Aliança com Deus e reavivamento. No capítulo 10, os líderes e o povo fazem uma aliança com Deus de quem deixariam seus pecados e andariam com Deus. E então, houve um grande reavivamento espiritual que levantou a nação.

Feito o registro do ministério de Esdras como pregador, relatado no livro de Neemias, voltemos, agora, ao livro de Esdras.

Esdras, um líder influente no seu tempo (7:11-26)

Esdras foi a Jerusalém como um enviado do rei Artaxerxes, como um representante do rei, levando nas mãos uma carta do rei. Esta carta, como as demais no livro, é citada em aramaico, o idioma da correspondência oficial.[13] Os reis persas não tratavam os exilados de forma opressora como a Assíria e a Babilônia. Davam liberdade aos exilados para adorarem seus próprios deuses e até cooperavam nesse sentido. De igual modo, os reis persas não tinham qualquer interesse em alimentar nos povos subjugados qualquer espírito revolucionário nas terras sob seu domínio.

É digno de nota que embora o Estado e a Igreja tenham campos de atuação distintos e um não deve interferir no outro, é de bom tom que o Estado, no cumprimento de seu dever, promova ou coopere para que a verdadeira religião seja promovida. Vemos nisso a boa mão de Deus, no exercício de sua generosa providência para com seu povo. É exatamente isso que podemos ver expresso na carta do rei Artaxerxes.

A carta escrita pelo rei Artaxerxes não é uma carta comum, mas sim uma comunicação diplomática que apresenta Esdras como sendo "o escriba das palavras, dos mandamentos e dos estatutos do Senhor". A carta segue o formato básico de uma carta: destinatário, saudação, transição, várias cláusulas e aviso final. Artaxerxes chama a si mesmo de "rei dos reis", um título comumente encontrado em documentos oficiais persas.[14] Tiberius Rata tem razão em dizer que a carta de Artaxerxes estabelece paralelos com o evento do êxodo. Assim como no êxodo do Egito, os israelitas vão para a sua terra com prata e ouro (Êx 11:2; 12:35), aqui, também, Esdras leva prata e ouro. A imagem não apenas aponta de volta para o êxodo do Egito, mas também tem nuanças da peregrinação, visto que esse "segundo êxodo" termina em sacrifício. Essa comunidade israelita é uma comunidade de adoradores, que está pronta para retornar, não por causa do decreto do rei, mas por causa da graça de Deus.[15]

Destacamos alguns pontos aqui:

Em primeiro lugar, *Esdras recebe autorização do rei* (7:11,12). "Esta é a cópia da carta que o rei Artaxerxes deu ao sacerdote Esdras, o escriba das palavras, dos mandamentos e dos estatutos do Senhor sobre Israel: Artaxerxes, rei dos reis, ao sacerdote Esdras, escriba da lei do Deus do céu: Paz perfeita!". A carta que Esdras levava não só lhe concedia permissão para se envolver na reforma que seu coração tanto desejava, como também revelava o desejo do próprio rei para os judeus. Esdras era emissário e embaixador do rei.[16]

Em segundo lugar, *Esdras recebe liberação para ir a Jerusalém* (7:13,14). "Por mim se decreta que, no meu reino, todo aquele do povo de Israel e dos seus sacerdotes e levitas que quiser ir contigo a Jerusalém, vá. Porquanto és mandado da parte do rei e dos seus sete conselheiros para fazeres inquirição a respeito de Judá e de Jerusalém, segundo a lei do teu Deus, a qual está na tua mão". Na carta do rei Artaxerxes há duas coisas que merecem destaque:

A primeira é que todo judeu que desejar retornar à sua terra está expressamente liberado a fazê-lo, sem qualquer impedimento. Embora muitos judeus permaneceram no reino da Pérsia e decidiram não voltar a Jerusalém, a porta de liberdade foi aberta para todos.

A segunda coisa é que Esdras foi a Jerusalém em nome do rei e de seus sete conselheiros com a autorização de exercer seu ministério, com o propósito de inquirir Judá e Jerusalém, segundo a lei de Deus. Esdras recebeu permissão para fazer investigações na cidade. Devia ficar claro para os habitantes de Jerusalém que Esdras não era um homem comum ou mesmo um intruso, mas um homem com uma missão em nome do rei Artaxerxes e com uma missão ainda maior em nome do Senhor Deus, o Rei dos reis.

Em terceiro lugar, *Esdras recebe recursos para o templo e a restauração de Jerusalém* (7:15-26). A maior parte da carta de Artaxerxes trata de questões concernentes à adoração no templo, como veremos:

Primeiro, os recursos financeiros procederam do próprio império (7:15). "E para levares a prata e o ouro que o rei e seus conselheiros, espontaneamente, ofereceram ao Deus de Israel, cuja habitação está em Jerusalém". O dinheiro foi usado para adquirir víveres e ofertas de manjares e libação para serem oferecidos no altar do templo (7:17). Esse dinheiro, ainda, deveria ser utilizado com sabedoria, segundo o critério de Esdras (7:18).

Segundo, os recursos financeiros procederam dos judeus que permaneceram exilados na Babilônia (7:16). "Bem assim a prata e o ouro que achares em toda a província da Babilônia, com as ofertas voluntárias do povo e dos sacerdotes, oferecidos, espontaneamente, para a casa do seu Deus, a qual está em Jerusalém". Muitos judeus haviam se enriquecido na Babilônia. Aqueles que resolveram permanecer deviam abastecer os que resolveram ir com ouro e prata, com utensílios para uso no templo (7:19). Como diz Derek Thomas, "o templo necessitava de uma grande quantidade de utensílios para os diversos rituais de sacrifício e purificação".[17]

Terceiro, Artaxerxes instruiu os tesoureiros persas na província da Judeia a fornecer a Esdras uma grande quantidade de prata, trigo, vinho, óleo e sal (7:22). Não suprir a casa de Deus, na concepção de Artaxerxes era atrair a ira do Deus de Israel sobre ele e seus filhos (7:23).

Quarto, os oficiais do templo receberam o incentivo de isenção de impostos (7:24). "Também vos fazemos saber, acerca de todos os sacerdotes e levitas, cantores, porteiros, de todos os que servem nesta Casa de Deus, que não será lícito impor-lhes nem direitos, nem impostos, nem pedágios". A melhor maneira que Artaxerxes encontrou para garantir as boas graças dos oficiais do templo, dos sacerdotes e, sobretudo, dos levitas – os quais poderiam entrar em determinadas áreas do templo e amaldiçoar seu senhor secular em secreto ou oferecer sacrifícios em nome do rei de uma maneira não prescrita na lei – do que lhes conferindo generosas isenções fiscais? Os funcionários da receita na Judeia estavam, portanto, avisados. Isso certamente, deve ter ajudado Esdras a ganhar aceitação numa sociedade fechada de sacerdotes.[18]

Quinto, Esdras recebe uma missão judicial (7:25,26). O escritor registra:

> Tu, Esdras, segundo a sabedoria do teu Deus, que possuis, nomeia magistrados e juízes que julguem a todo o povo que está dalém do Eufrates, a todos os que sabem as leis de teu

> Deus, e ao que não as sabe, que lhas façam saber. Todo aquele que não observar a lei do teu Deus e a lei do rei, seja condenado ou à morte, ou ao desterro, ou à confiscação de bens, ou à prisão (7:25,26).

Esse texto deixa claro que Esdras tinha competência para nomear magistrados e juízes para julgarem o povo. Esses magistrados e juízes tinham, também, o dever de ensinar a lei de Deus aos que não conheciam. Esdras tinha ainda o poder de punição aos rebeldes que obstinadamente não quisessem observar a lei de Deus. A desobediência era duramente punida: "Todo aquele que não observar a lei do teu Deus e a lei do rei, seja condenado ou à morte, ou ao desterro, ou à confiscação de bens, ou à prisão" (7:26).

Esdras, um líder que celebra a Deus suas bênçãos (7:27,28)

O texto termina com uma doxologia. Como diz Warren Wiersbe, Esdras louva ao Senhor que tocou o rei para que cooperasse com seus planos. Também considera esse acontecimento como uma prova da misericórdia de Deus. Esdras não assumiu crédito algum por essas realizações: foram todas resultantes da "boa mão do Senhor" sobre ele. Sem perder tempo, o sacerdote e escriba reuniu os líderes das tribos e o povo que se sentiu tocado para viajar para Jerusalém.[19] Essa doxologia enfatiza três verdades solenes:

Em primeiro lugar, *o Deus dos nossos antepassados* (7:27a). "Bendito seja o Senhor, o Deus de nossos pais...". Esdras bendiz o Deus dos antepassados, o Deus dos patriarcas, o Deus dos profetas, o Deus do povo de Israel. Deus é o grande autor dessa história. É Ele que levanta reinos e abate reinos, levanta reis e faz reis apearem do poder. É Ele quem dirige a história, governa as nações e apascenta seu povo.

Em segundo lugar, *o Deus que move os corações* (7:27b). "... que deste modo moveu o coração do rei para ornar a Casa do Senhor, a qual está em Jerusalém". Esdras entende que a benevolência de Artaxerxes é uma obra do próprio Deus dos antepassados. O coração do rei está nas mãos do Senhor. É Deus quem opera tanto o querer quanto o realizar. O rei Artaxerxes não era o protagonista da ação. Deus é o grande diretor desse grande ato da providência.

Em terceiro lugar, *o Deus que demonstra sua misericórdia* (7:28a). "E que estendeu para mim a sua misericórdia perante o rei, os seus conselheiros e todos os seus príncipes poderosos...". Esdras tem plena consciência de que é o próprio Deus quem usou de misericórdia para com ele, dando-lhe favor perante o rei, seus conselheiros e todos os seus príncipes poderosos.

Em terceiro lugar, *o Deus que anima seus líderes* (7:28b). "... assim, me animei, segundo a boa mão do Senhor, meu Deus, sobre mim, e ajuntei de Israel alguns chefes para subirem comigo". Por fim, Esdras registra que todos esses sinais do favor de Deus acabaram sendo o combustível divino para reanimar seu coração. Em tudo ele viu a boa mão de Deus sobre ele. Por isso, ajuntou de Israel alguns chefes, com o propósito de subirem para Jerusalém.

Derek Thomas pergunta: "Onde está Jesus nesta passagem?". O próprio Jesus responde: "Fui eu quem fiz aquele rei pagão escrever a carta!".[20]

Concluo com as palavras de Tiberius Rata:

> Este capítulo apresenta Esdras como um exemplo de liderança piedosa. Como Esdras, o líder cristão atual precisa ser "habilidoso" em lidar com a Palavra de Deus. Essa habilidade não é herdada, portanto, o líder precisa "dispor o seu coração para estudar" a Palavra de Deus. Somente então ele será capaz de

ensiná-la aos outros. Não há nada mais desanimador do que um pregador preguiçoso, e não há nada mais animador do que um pregador aplicado e cheio do Espírito Santo, que segue o exemplo de Esdras ao estudar diligentemente a Palavra de Deus antes de se levantar para dizer: "Assim diz o Senhor". Assim como Esdras, o líder cristão de nossos dias precisa da sabedoria de Deus para ensinar e delegar. Essa sabedoria procede de Deus e está em contraste gritante com a sabedoria terrena e ímpia (Tg 3:13-18).[21]

NOTAS

1 KIDNER, Derek. *Esdras e Neemias: Introdução e Comentário*, p. 66.
2 WHITE, Alexander. *Bible Characters – The Old Testament*, p. 427.
3 WIERSBE, Warren W. *Comentário Bíblico Expositivo*, p. 600.
4 Ibidem.
5 KIDNER, Derek. *Esdras e Neemias: Introdução e Comentário*, p. 67.
6 THOMAS, Derek. *Esdras e Neemias*, p. 121.
7 Ibidem.
8 FENSHAM, F. C. *The Books of Ezra and Neemiah*, p. 99, 100.
9 THOMAS, Derek. *Esdras e Neemias*, p. 123.
10 DEMARAY, C. E. *O livro de Esdras*, p. 498.
11 RATA, Tiberius. *Esdras e Neemias*, p. 78.
12 KIDNER, Derek. *Esdras e Neemias*, p. 68.
13 Ibidem.
14 RATA, Tiberius. *Esdras e Neemias*, p. 80.
15 Ibidem, p. 81.
16 THOMAS, Derek. *Esdras e Neemias*, p. 127.
17 Ibidem, p. 132.
18 Ibidem, p. 133.
19 WIERSBE, Warren W. *Comentário Bíblico Expositivo*. Vol. 2, p. 603.
20 THOMAS, Derek. *Esdras e Neemias*, p. 136.
21 RATA, Tiberius. *Esdras e Neemias*, p. 84.

Capítulo 8

O êxodo de Esdras

(Esdras 8:1-36)

Esdras é considerado por alguns estudiosos como o segundo Moisés, não apenas por causa de sua versatilidade na lei, mas, também, porque ele liderou famílias judias do exílio persa para a terra prometida. Inobstante ser um líder intelectual, douto na lei de Moisés, era de igual modo, um homem de oração. Tinha intimidade com o rei da terra e com o Rei do céu. Entrava no palácio do rei Artaxerxes e tinha livre à acesso à sala do Trono do Deus Todo-poderoso. Esdras era um líder conhecido na terra e no céu.

Agora, está engajado em conduzir à terra prometida a segunda leva de judeus. Quer emprestar sua erudição para ensinar a santa lei de Deus ao povo que chegara do exílio, bem como, fiscalizar esse repovoamento de Jerusalém, como oficial do rei Artaxerxes. Seu papel é político e espiritual. É um representante do rei persa e um mensageiro do Deus vivo.

A segunda leva de judeus que sobe para Jerusalém (8:1-14)

Esdras escreve:

> São estes os cabeças de famílias, com as suas genealogias, os que subiram comigo da Babilônia, no reinado do rei Artaxerxes: dos filhos de Finéias, Gérson; dos filhos de Itamar, Daniel; dos filhos de Davi, Hatus; dos filhos de Secanias, dos filhos de Parós, Zacarias, e, com ele, foram registrados cento e cinquenta homens. Dos filhos de Paate-Moabe, Elioenai, filho de Zeraías e, com ele, duzentos homens. Dos filhos de Secanias, o filho de Jaaziel, e, com ele, trezentos homens. Dos filhos de Adim, Ebede, filho de Jônatas, e, com ele, cinquenta homens. Dos filhos de Elão, Jesaías, filho de Atalias, e, com ele, setenta homens. Dos filhos de Sefatias, Zebadias, filho de Micael, e, com ele, oitenta homens. Dos filhos de Joabe, Obadias, filho de Jeiel, e, com ele, duzentos e dezoito homens. Dos filhos de Sefatias, Zebadias, filho de Micael, e, com ele, oitenta homens. Dos filhos de Bebai, Zacarias, o filho de Bebai, e, com ele, vinte e oito homens. Dos filhos de Azgade, Joanã, o filho de Catã, e, com ele, cento de dez homens. Dos filhos de Adonicão, último a chegar, seus nomes eram estes: Elifelete, Jeiel e Semaías, e, com eles, sessenta homens. Dos filhos de Bigvai, Utai, Zabude, e, com eles, setenta homens (8:1-14).

Já fazia cerca de oitenta anos que Zorobabel tinha conduzido o primeiro grupo de judeus a Jerusalém. Quando Esdras, o escriba, manifestou a intenção de subir a Jerusalém, numa missão de reforma, ele apelou a "alguns chefes" para irem com ele (7:28). Como no caso do primeiro retorno, com Zorobabel, a lista daqueles que se uniram é cuidadosamente registrada. Nas palavras de Derek Thomas, "Esdras menciona esses nomes com o zelo de um contabilista".[1]

Essa longa lista de cabeças de famílias com seus respectivos membros pode parecer enfadonha ou sem importância. Porém, reveste-se de fundamental importância histórica. Nomes importam porque falam de pessoas, de famílias, de gerações. Tiberius Rata é enfático em afirmar que a autenticidade da lista aqui exarada pode ser verificada pelo fato de que a maior parte dos nomes aparece em outros lugares, como Crônicas e Neemias. Uma característica interessante dessa lista é que a casa de Davi é destacada.[2]

Derek Thomas destaca que no primeiro retorno, em 537 a.C., quarenta e duas mil e trezentos e sessenta pessoas voltaram para Jerusalém, acompanhadas de sete mil, trezentos e trinta e sete servos (2:64). Na ocasião seguinte, além de quinze homens mencionados pelo nome, havia no total um mil quatrocentos e noventa e seis homens (8:1-14), junto com trinta e oito levitas e duzentos e vinte servos do templo (8:19). Se acrescentarmos as mulheres e as crianças a esse número, chegaremos a cerca de cinco mil.[3]

Warren Wiersbe diz que Esdras mostrou-se sábio ao reunir dezoito chefes de família do povo, sabendo que esses homens poderiam influenciar seus parentes. Como resultado, juntou 1.515 homens, além de mulheres e crianças, que se dispuseram a partir com ele.[4] Na mesma toada Derek Kidner diz: "Esdras conhecia a estrutura da sua sociedade suficientemente bem para dirigir seu apelo "aos cabeças das famílias" (7:28; 8:1), sabendo que, na maioria dos casos, se eles viessem, trariam consigo os seus grupos.[5]

Esdras faz questão de destacar que essas pessoas subiram com ele, da Babilônia, no reinado de Artaxerxes (8:1).

Esdras é o líder da caravana. A expedição está sob sua responsabilidade. A palavra "comigo" (8:1) é um relato pessoal, que continua de 7:27,28 até ao fim do capítulo 9, à parte de uma breve volta à terceira pessoa em 8:35,36, onde "eles" toma o lugar de "nós" em dois versículos.[6]

O grupo saiu da Babilônia no primeiro dia do quinto mês (7:9) e, depois de cerca de uma semana de viagem, parou junto ao rio Aava, onde ficou três dias antes de prosseguir (8:15,31).

A preparação para a viagem (8:15-20)

Destacamos cinco pontos importantes:

Em primeiro lugar, *o acampamento* (8:15a). "Ajuntei-os perto do rio que corre para Aava, onde ficamos acampados três dias...". Ao sair da Babilônia, Esdras ajunta os peregrinos perto do rio Aava, um dos afluentes do Eufrates, onde ficaram acampados três dias. Esse foi um ajuntamento de grandes emoções. Ao olharem para o passado, essas pessoas tinham se despedido de seus familiares, com a probabilidade de nunca mais reverem seus entes queridos. Ao olharem para o futuro, tinham diante de si uma viagem longa e perigosa e um porvir incerto. O ideal da restauração e a obediência a Deus, entretanto, moviam os corações.

O acampamento ensejou um cuidadoso planejamento e um exercício de fé. Precisavam mobilizar, organizar, gerenciar e motivar essa multidão. Por isso, Esdras convocou um período e jejum e oração. Hipoteco apoio ao que diz Derek Thomas: "Fé e planejamento caminham de mãos dadas. Zelo sem planejamento cuidadoso leva à excentricidade e ao desequilíbrio".[7]

Em segundo lugar, *a constatação* (8:15b). "... passando revista ao povo e aos sacerdotes e não tendo achado nenhum dos filhos de Levi". Ao passar revista ao povo e aos sacerdotes, Esdras constata que não havia levitas entre eles. As demandas do templo que havia sido construído por Zorobabel eram enormes. Precisavam de mão de obra. Dependiam dos filhos de Levi para fazer esse trabalho.

Derek Kidner diz que a ausência dos levitas e dos demais servos do templo é um contratempo revelado; era natural que esses homens se retraíssem de uma perspectiva que seria duplamente amedrontadora: não somente o desarraigamento que todos os peregrinos enfrentavam, como também a mudança drástica das atividades comuns para as severas rotinas do templo.[8] Concordo com Tiberius Rata, quando diz que pode ser que os levitas não fossem numerosos nem úteis em um cativeiro babilônico sem templo, mas eles serão muito necessários em Jerusalém para ajudar com os deveres sacerdotais no templo.[9] Os levitas participavam não apenas dos serviços do templo, mas, também, colaboravam com a parte musical do templo, bem como do ministério de instrução (Ne 8:9).

Em terceiro lugar, *a comitiva enviada* (8:16). "Enviei Eliezer, Ariel, Semaías, Elnatã, Jaribe, Elnatã, Natã, Zacarias e Mesulão, os chefes, como também a Joiaribe e a Elnatã, que eram sábios". Esdras, então, envia nove chefes e dois sábios com o propósito de convencer levitas a embarcarem naquela aventura de subirem para Jerusalém, a fim de cumprirem sua vocação dada por Deus. Esses chefes e sábios persuadiram os levitas a anuir ao projeto e rumarem para Jerusalém para cumprirem sua vocação. A Escritura diz: "Tudo quanto te vier à mão para fazer, faze-o conforme as tuas forças" (Ec 9:10). Esse era o desafio aos levitas que viviam no exílio.

Em quarto lugar, *a quem foram enviados* (8:17). "Enviei-os a Ido, chefe em Casifia, e lhes dei expressamente as palavras que deveriam dizer a Ido e aos servidores do templo, seus irmãos, em Casifia, para nos trazerem ministros para a casa do nosso Deus". Esses chefes e sábios foram enviados a Ido, chefe em Casifia, com o propósito de trazerem ministros para a casa de Deus. A missão de Esdras, embora tivesse um componente político, tinha primordialmente, um propósito espiritual. A casa de Deus precisava de obreiros. Certamente aquele era um desafio sacrificial. Porém, o melhor lugar do mundo para se estar é no centro da vontade de Deus. Derek Thomas, citando John Bunyan, diz: "Quando sofre por Cristo, o homem é colocado sobre uma colina, sobre um palco, como num teatro, a fim de desempenhar um papel para Deus no mundo".[10]

Em quinto lugar, *o resultado da busca* (8:18-20). O escritor registra:

> Trouxeram-nos, segundo a boa mão de Deus sobre nós, um homem sábio, dos filhos de Mali, filho de Levi, filho de Israel, a saber, Serebias, com os seus filhos e irmãos, dezoito; e a Hasabias e, com ele, Jesaías, dos filhos de Merari, com seus irmãos e os filhos deles, vinte; e dos servidores do templo, que Davi e os príncipes deram para o ministério dos levitas, duzentos e vinte, todos eles mencionados nominalmente (8:18-20).

O resultado da busca foi extraordinário. Por causa da boa mão de Deus sobre eles, trouxeram trinta e oito levitas e duzentos e vinte servidores do templo. Tiberius Rata destaca que o pedido de Esdras por ministros para a Casa de Deus é atendido por um levita chamado Serebias, cujo nome aparece oito vezes em Esdras-Neemias. Ele é descrito como líder entre os sacerdotes (8:24), alguém que ajudou o povo a entender a lei (Ne 8:7), que o conduziu na confissão coletiva de pecado durante o período de Neemias (Ne 9:4,5), que selou a aliança (Ne 10:12), e como alguém que estava encarregado dos cânticos de ações de graças (Ne 12:8). Serebias é descrito como um homem sábio.[11]

Hoje, de igual modo, Deus chama trabalhadores para sua seara. A obra é extensa e os trabalhadores são poucos. Nenhum trabalho é irrelevante quando se é feito para Deus. O próprio Filho de Deus, "a si mesmo se esvaziou, assumindo a forma de servo, tornando-se em semelhança de homens; e, reconhecido em figura humana, a si mesmo se humilhou, tornando-se obediente até a morte e morte de cruz" (Fp 2:7,8). João Batista, o precursor do Messias, e o maior homem dentre os nascidos de mulher, não achou que desatar as sandálias de Jesus fosse uma atitude humilhante demais. Pelo contrário, considerou-se indigno de tamanha honra.[12]

Esdras considerou que a causa de os levitas terem respondido positivamente à sua convocação foi a boa mão de Deus (8:18). É Deus quem inclina os corações. É Deus quem desperta os líderes. É Deus quem faz a obra!

A convocação para jejum e oração (8:21-23)

O jejum é um prática corrente em quase todos os povos, mormente entre o povo de Deus. Os homens e mulheres de Deus tanto do Antigo quanto do Novo Testamento recorreram ao jejum como uma disciplina espiritual. Neemias jejuou (Ne 1:4). Daniel jejuou (Dn 9:3). Jesus jejuou (Lc 4:1,2). Os apóstolos jejuaram. A igreja primitiva jejuou (At 13:1-3). Os pais da igreja jejuaram. Os reformadores jejuaram. Os puritanos jejuaram. Os avivalistas jejuaram. A igreja contemporânea jejua. John Piper, citando João

Crisóstomo, um dos maiores pregadores do quinto século, escreveu:

> O jejum é, tanto quanto reside em nós, uma imitação dos anjos, uma condenação das coisas presentes, uma escola de oração, um alimento da alma, uma rédea da boca. O jejum apazígua a ira, aplaca a raiva, acalma as tempestades da natureza, incita a razão, limpa mente, incomoda a carne, afugenta as poluições da noite, liberta da dor de cabeça. Ao jejuar, um homem adquire comportamento sereno, livre expressão de sua língua e corretas percepções de sua mente.[13]

O povo de Deus jejuou em várias ocasiões no Antigo Testamento: 1) Durante guerras ou ameaças de guerras (Jz 20:26; 1Sm 7:6); 2) quando entes queridos adoeciam (2Sm 12:16-23); 3) quando entes queridos morriam (1Sm 31:13; 2Sm 1:12; 1Cr 10:12); 4) ao buscar o perdão de Deus: Moisés (Dt 9:15-18), Nínive (Jn 3:4-10), Daniel (Dn 9:3-5), moradores de Jerusalém (Ne 9:1-3); 5) quando enfrentavam um perigo iminente: Josafá (2Cr 20:3), Neemias (Ne 1:4), os judeus quando souberam do édito de Assuero (Et 4:3). Há algo na prática do jejum que aguça nossas intercessões e intensifica o fervor das nossas súplicas. O jejum tem como objetivo acrescentar um tom de urgência e insistência à nossa oração e de fortalecer o nosso rogo na corte celestial.[14]

Destacamos três pontos importantes:

Em primeiro lugar, *o propósito do jejum e da oração* (8:21). "Então, apregoei ali um jejum junto ao rio Aava, para nos humilharmos perante o nosso Deus, para lhe pedirmos jornada feliz para nós, para nossos filhos e para tudo o que era nosso". Por ser o jejum uma prática devocional importante entre os judeus, Esdras apregoou um jejum, junto ao rio

Aava. O propósito era duplo: para se humilharem perante Deus e para lhe pedirem jornada feliz na viagem rumo a Jerusalém. Deus viu o jejum, ouviu a oração e atendeu-lhes os rogos. Atravessaram desertos tórridos, montes escarpados, vales profundos, inimigos medonhos e chegaram sãos e salvos em Jerusalém.

Em segundo lugar, *a razão para o jejum e a oração* (8:22). "Porque tive vergonha de pedir ao rei exército e cavaleiros para nos defenderem do inimigo no caminho, porquanto já lhe havíamos dito: A boa mão do nosso Deus é sobre todos os que o buscam, para o bem deles; mas a sua força e a sua ira, contra todos os que o abandonam". Esdras decreta esse jejum porque, como afirmara ao rei Artaxerxes que a boa mão do Senhor estava sobre eles, sentiu-se constrangido de pedir uma guardada montada para defendê-los dos inimigos no caminho. Esdras havia dito ao rei Artaxerxes que a boa mão de Deus é sobre todos os que o buscam e sua força e sua ira contra todos os que o abandonam.

> Há aqui uma distinção aguda entre aqueles que buscam o Senhor e aqueles que o deixam. Aos que o buscam o Senhor, recebem a promessa da boa mão do Senhor para guiá-los e protegê-los. Aos que o abandonam a força e a ira de Deus sobre eles para derrotá-los. Quão solenemente o destino do homem está nas suas próprias escolhas. A expressão "a boa mão de Deus" aparece vezes em Esdras-Neemias (7:9; 8:18; Ne 2:8), e aponta para a bondade de Deus em proteger e prover para o seu povo.[15]

C. E. Demaray diz que esta foi uma excelente demonstração de fé por parte de Esdras, e notamos que a sua fé foi plenamente honrada, pois nenhum mal os afligiu durante a longa viagem de quatro meses.[16]

É óbvio que Esdras tinha o direito de solicitar uma escolta armada, como o faria, num futuro breve, Neemias, o copeiro do rei (Ne 2:7-9). Podemos elencar três motivos para ele ter solicitado: Primeiro, porque ele estava liderando algumas milhares de pessoas com mulheres e crianças, numa jornada de mais de 1.500 quilômetros, sem qualquer aptidão para possíveis enfrentamentos de inimigos perigosos ao longo do caminho. Segundo, porque transportariam robustos valores em ouro, prata e utensílios sagrados do templo. Terceiro, a situação política nas regiões ocidentais do Império Persa era incerta, e o transporte de grandes quantidades de ouro e prata seria uma situação tentadora para mercenários políticos e indivíduos oportunistas. O apóstolo Paulo, cinco séculos depois, sentiu-se confortado por ter soldados romanos para protegê-lo durante sua viagem de Jerusalém para Cesareia Marítima, quando sentiu-se ameaçado pelos seus compatrícios (At 23:16-35).

Em terceiro lugar, a eficácia do jejum e da oração (8:23). "Nós, pois, jejuamos e pedimos isto ao nosso Deus, e Ele nos atendeu". O jejum não foi apenas determinado, foi também realizado. O povo jejuou e orou e Deus respondeu favoravelmente. Concordo com Tiberius Rata, quando diz que a expressão "e Deus nos atendeu" é um dos maiores encorajamentos e confortos cristãos. Nosso Deus não é surdo nem uma imagem esculpida no granito. Pelo contrário, Ele é o único Deus vivo e verdadeiro, o único que ouve nossa oração (Gn 30:17,22; Êx 2:24; Jz 13:9; 1Sm 1:19; 1Cr 4:10; 2Cr 1:11). Quando Esdras e seus compatriotas oraram e jejuaram, eles experimentaram o poder de Deus através dessas práticas espirituais manifesto nas respostas do Senhor às suas súplicas.[17]

Concordo com Derek Thomas quando diz que, como acontece em Confissões de Agostinho, em Graça Abundante de John Bunyan, ou nas Autobiografias de George Muller e C. H. Spurgeon, Esdras escreve sobre si mesmo de modo a atrair mais atenção para Deus do que para sua própria pessoa. É o Senhor que atende as orações (8:23).[18]

A forma transparente de lidar com os recursos transportados (8:24-30)

Destacamos quatro pontos importantes aqui:

Em primeiro lugar, *os encarregados* (8:24). "Então, separei doze dos principais, isto é, Serebias, Hasabias e dez dos seus irmãos". Esdras lida com os recursos financeiros, doados pelo rei e pelos judeus que ficaram na Babilônia, com absoluta transparência. Integridade é uma exigência inegociável para aqueles que lidam com o dinheiro, especialmente, com os recursos que devem ser destinados à casa de Deus. Esdras separa doze líderes para cuidarem dos recursos que estão sendo transportados. Warren Wiersbe diz que Esdras encarregou doze dos principais sacerdotes de cuidar do tesouro: vinte e cinco toneladas de prata, quase oito toneladas de utensílios de ouro e prata, além de vários outros utensílios e ofertas recebidos do povo. Esses doze sacerdotes representam as doze tribos de Israel e eram responsáveis diante delas.[19]

Em segundo lugar, *os recursos* (8:25-27). O narrador registra:

> Pesei-lhes a prata, e o ouro, e os utensílios que eram a contribuição para a casa de nosso Deus, a qual ofereceram o rei, os seus conselheiros, os seus príncipes e todo o Israel que se achou ali. Entreguei-lhes nas mãos seiscentos e cinquenta talentos de

> prata e, em objetos de prata, cem talentos, além de cem talentos de ouro; e vinte taças de ouro de mil daricos e dois objetos de lustroso e fino bronze, tão precioso como ouro (8:25-27).

A caravana está levando ouro, prata e utensílios da casa de Deus. A soma desses valores representa um volume colossal de dinheiro. Derek Kidner destaca que Artaxerxes, como seus antecessores, marcou a ocasião com uma dádiva oficial. Também conclamou os judeus que não fariam parte da expedição a participarem com um pouco.[20] De fato, o transporte pelo deserto de valores tão robustos era uma grande ameaça. Essa caravana de peregrinos rumava para Jerusalém com riquezas colossais, não para eles mesmos, mas para a casa de Deus e para a obra de Deus. Ninguém surrupiou sequer um grama de ouro. Ninguém cobiçou aquilo que pertencia a Deus e à sua obra.

Em terceiro lugar, *a exortação* (8:28). "Disse-lhes: Vós sois santos ao Senhor, e santos são estes objetos, como também esta prata e este ouro, oferta voluntária ao Senhor, Deus de vossos pais". Esdras nomeia gente santa para cuidar de tesouros santos. Os objetos transportados são santos porque foram separados e destinados ao serviço do culto santo ao Senhor. Todo aquele ouro e aquela prata eram ofertas destinadas à casa de Deus, além de objetos sagrados que estão sendo devolvidos à casa de Deus. Coisas santas requerem pessoas santas. A obra de Deus não pode ser feita por pessoas profanas. As coisas de Deus precisam ser tratadas com reverência e santidade.

Em quarto lugar, *a cautela* (8:29,30). O narrador adverte:

> Vigiai-os e guardai-os até que os peseis na presença dos principais sacerdotes, e dos levitas, e dos cabeças de famílias de Israel, em Jerusalém, nas câmaras da Casa do Senhor. Então,

> receberam os sacerdotes e os levitas o peso da prata, do ouro e dos objetos, para trazerem a Jerusalém, à casa de nosso Deus (8:29,30).

Esses tesouros, utensílios e objetos deveriam ser guardados até que fossem apresentados aos principais sacerdotes, levitas e cabeças das famílias de Israel, em Jerusalém, nas câmaras da Casa do Senhor. Com essas recomendações os sacerdotes e os levitas receberam esse acervo com o fim de levá-lo em segurança a Jerusalém. Esdras lida com os recursos destinados à casa de Deus e à obra de Deus com absoluta transparência. Ele não chama para si o cuidado desses valores. Ele nomeia pessoas competentes para o cuidado desses recursos, demonstrando honestidade com as coisas sagradas. Muitos obreiros se perdem, quando lançam mão daquilo que não lhes pertencem. Outros se corrompem, quando usam os recursos destinados à casa de Deus como se esses valores fossem parte de seus bens pessoais. Hoje, infelizmente, muitos pregadores transformam o evangelho num produto, o púlpito num balcão, o templo numa feira de negócios e os crentes em consumidores. Esses obreiros fraudulentos, que mercadejam a Palavra de Deus, são vendilhões do templo. Eles transformam o templo em covil de salteadores e se enriquecem em nome da fé. Esdras, na contramão desses camelôs da fé, era um líder religioso confiável. Lidava com as coisas de Deus com absoluta transparência e integridade.

A viagem segura e a chegada exitosa (8:31-36)

Destacamos cinco pontos importantes:

Em primeiro lugar, *a chegada* (8:31). "Partimos do rio Aava, no dia doze do primeiro mês, a fim de irmos para

Jerusalém; e a boa mão do nosso Deus estava sobre nós e livrou-nos das mãos dos inimigos e dos que nos armavam ciladas pelo caminho". A viagem do rio Aava a Jerusalém durou quatro meses. Eles partiram da Babilônia no primeiro dia do primeiro mês (7:9), demoraram três dias junto ao rio Aava (8:15) e deixaram esse acampamento no décimo segundo dia do primeiro mês (8:31), chegando a Jerusalém no primeiro dia do quinto mês (7:9) Percorrem cerca de 1.500 quilômetros ao longo de quatro meses, e a boa mão do Senhor protegeu-os dos inimigos ao longo de todo o caminho. Esdras admite que os inimigos tinham mãos prontas a atacá-los e armaram ciladas ao longo do caminho para capturá-los. Porém, a boa mão do Senhor estava sobre eles para livrá-los.

Em segundo lugar, *o descanso* (8:32). "Chegamos a Jerusalém e repousamos ali três dias". Depois da extenuante viagem pelos desertos tórridos do Oriente, em meio a perigos naturais e inimigos aleivosos, a coisa mais espiritual que podiam fazer é não fazer coisa alguma.[21] O descanso é uma necessidade vital. O Senhor Jesus ensina esse princípio aos seus discípulos (Mc 6:31). Esse descanso não foi de todo um tempo de inatividade. Concordo com Tiberius Rata quando diz que esses três dias foram usados para encontrar abrigo para "cerca de cinco mil imigrantes" que acabavam de chegar em Jerusalém.[22]

Em terceiro lugar, *o levantamento* (8:33,34). Esdras escreve:

> No quarto dia, pesamos, na casa do nosso Deus, a prata, o ouro, os objetos e os entregamos a Meremote, filho do sacerdote Urias; com ele estava Eleazar, filho de Fineias, e, com eles, Jozabade, filho de Jesua, e Noadias, filho de Binui, levitas; tudo

foi contado e pesado, e o peso total, imediatamente registrado (8:33,34).

Os sacerdotes levaram o tesouro para o templo, onde foi pesado e inventariado, e todos os fatos foram registrados para que se enviasse ao rei um relatório oficial. A integridade nos negócios e a transparência no trato com dinheiro é um princípio inegociável para o povo de Deus. Nessa mesma linha de pensamento, o apóstolo Paulo escreveu: "Pois o que nos preocupa é procedermos honestamente, não só perante o Senhor, como também diante dos homens" (2Co 8:21).

Em quarto lugar, *a adoração* (8:35). "Os exilados que vieram do cativeiro ofereceram holocaustos ao Deus de Israel, doze novilhos por todo o Israel, noventa e seis carneiros, setenta e sete cordeiros e, como oferta pelo pecado, doze bodes; tudo em holocausto ao Senhor". Tanto os judeus que já moravam em Jerusalém, como os recém-chegados reuniram-se diante do altar para adorar a Deus e declarar a união de todos como seu povo. Os doze holocaustos e as doze ofertas pelo pecado foram realizados pelas doze tribos de Israel, representadas pelo remanescente judeu em Jerusalém.[23] Derek Kidner diz que tanto o número doze quanto seu múltiplo, noventa e seis, significava todo o Israel.[24] Derek Thomas diz que os peregrinos haviam começado com adoração na Babilônia e terminaram com adoração em Jerusalém. A consciência que Esdras tinha da grandiosidade da presença e proteção de Deus era forte. Na Babilônia ele havia dito que a mão graciosa de Deus estava sobre todos os que o buscam (8:22). E aqueles últimos quatro meses foram evidência da mão graciosa de Deus. Parar para agradecer era a coisa correta a ser feita. Sempre é.[25]

Em quinto lugar, *a ordenança* (8:36). "Então, deram as ordens do rei aos seus sátrapas e aos governadores deste lado do Eufrates; e estes ajudaram o povo na reconstrução da Casa de Deus". Depois de cuidar das questões espirituais relacionadas à nação e ao templo, Esdras apresentou suas credenciais aos oficiais persas locais. Esdras entregou a carta do rei aos sátrapas, que obedeceram prontamente às ordens de seu soberano e ajudaram os judeus em seus projetos. Derek Kidner diz que as ordens do rei eram presumivelmente os documentos que tinham Esdras como aquele que estava autorizado a administrar a lei judaica entre seus compatriotas nas várias regiões da província.[26]

Esdras saiu da Babilônia com a lei de Deus em seu coração, a carta do rei em suas mãos e a mão de Deus sobre ele. Não é de admirar que sua missão tenha sido um sucesso.[27]

Concluo com as palavras de Tiberius Rata:

> O capítulo 8 do livro de Esdras ensina dois princípios importantes de liderança que precisam ser praticados pelos líderes cristãos de hoje: humildade (8:21-23) e integridade (8:24-30). No caso de Esdras, essa humildade foi vista em sua dependência do Deus soberano, que sozinho pode fornecer segurança para o seu povo. A integridade de Esdras pode ser vista em sua delegação do cuidado da oferta para a casa de Deus, compreendendo que tanto a oferta quanto aqueles que lidam com ela devem ser santos ao Senhor. A história tem mostrado que, quando pessoas ímpias lidam com o que é santo ao Senhor, a corrupção é gerada e a opressão reina.[28]

Notas

[1] THOMAS, Derek. *Esdras e Neemias*, p. 140.

[2] RATA, Tiberius. *Esdras e Neemias*, p. 86.

3 THOMAS, Derek. *Esdras e Neemias*, p. 139.
4 WIERSBE, Warren W. *Comentário Bíblico Expositivo*. Vol. 2, p. 603.
5 KIDNER, Derek. *Esdras e Neemias: Introdução e Comentário*, p. 70.
6 Ibidem.
7 THOMAS, Derek. *Esdras e Neemias*, p. 147, 148.
8 KIDNER, Derek. *Esdras e Neemias: Introdução e Comentário*, p. 71.
9 RATA, Tiberius. *Esdras e Neemias*, p. 86.
10 THOMAS, Derek. *Esdras e Neemias*, p. 154.
11 RATA, Tiberius. *Esdras e Neemias*, p. 87.
12 THOMAS, Derek. *Esdras e Neemias*, p. 154.
13 PIPER, John. *Hunger for God*. Good News, p. 125.
14 THOMAS, Derek. *Esdras e Neemias*, p. 166.
15 RATA, Tiberius. *Esdras e Neemias*, p. 87.
16 DEMARAY, C. E. *O livro de Esdras*, p. 499.
17 RATA, Tiberius. *Esdras e Neemias*, p. 89.
18 THOMAS, Derek. *Esdras e Neemias*, p. 164.
19 WIERSBE, Warren W. *Comentário Bíblico Expositivo*. Vol. 2, p. 604.
20 KIDNER, Derek. *Esdras e Neemias: Introdução e Comentário*, p. 72.
21 WIERSBE, Warren W. *Comentário Bíblico Expositivo*. Vol. 2, p. 604.
22 RATA, Tiberius. *Esdras e Neemias*, p. 91.
23 WIERSBE, Warren W. *Comentário Bíblico Expositivo*. Vol. 2, p. 605.
24 KIDNER, Derek. *Esdras e Neemias: Introdução e Comentário*, p. 73.
25 THOMAS, Derek. *Esdras e Neemias*, p. 168.
26 KIDNER, Derek. *Esdras e Neemias*, p. 73.
27 WIERSBE, Warren W. *Comentário Bíblico Expositivo*. Vol. 2, p. 605.
28 RATA, Tiberius. *Esdras e Neemias*, p. 92.

Capítulo 9

A oração de Esdras

(Esdras 9:1-15)

ESDRAS, O ESCRIBA, o mestre, o pregador, veio da Babilônia para Jerusalém com o propósito de fazer uma reforma espiritual junto ao remanescente que estava reconstruindo a nova sociedade judaica em Jerusalém.

O cativeiro babilônico foi uma consequência amarga da transgressão do povo da aliança. Por não ouvirem a voz de Deus, por intermédio dos profetas, o povo sofreu o chicote da disciplina. O jugo da escravidão foi o pagamento de seus pecados. Por terem abandonado o Deus vivo, fonte das águas vivas, e se prostituído com os deuses dos povos, foram levados para uma terra pagã, onde amargaram setenta anos de cativeiro.

Agora, no governo persa, duas levas de remanescentes retornaram, por bondade de Deus, a Jerusalém; a primeira, sob a liderança de Zorobabel e a segunda, sob o comando de Esdras. Não tardou para que os mesmos pecados que levaram o povo à escravidão fossem praticados novamente. No texto em apreço, o pecado que atordoa Esdras é o casamento misto, ou seja, a união dos filhos de Israel com os povos vizinhos, rendidos à idolatria, por meio de casamentos inter-raciais e inter-religiosos.

O casamento misto é um assunto delicado, mesmo nos dias de hoje. O apóstolo Paulo o chamou de "jugo desigual": "Não vos ponhais em jugo desigual com os incrédulos; porquanto que sociedade pode haver entre a justiça e a iniquidade? Ou que comunhão da luz com as trevas? Que harmonia, entre Cristo e o Maligno? Ou que união, do crente com o incrédulo? Que ligação há entre o santuário de Deus e os ídolos?" (2Co 6:14-16a).

O povo de Deus transgride a lei de forma acintosa (9:1,2)

O povo de Israel não se manteve afastado de seus vizinhos pagãos como fora aconselhado a fazer, segundo a lei de Deus. Muitos deles tinham se casado com pessoas que pertenciam a famílias de nações vizinhas.[1] Como já afirmamos, o pecado em destaque no texto em tela é o casamento misto. O fulcro do problema não é apenas racial, mas, sobretudo, religioso. Nas palavras de Tiberius Rata, "o problema com essas outras nações não era sua afiliação étnica, mas suas práticas de culto".[2] Derek Thomas chega a dizer que o tema pode parecer um pouco racista nos nossos dias, mas se pensarmos assim estaremos interpretando mal o motivo da proibição no contexto de Israel. Israel era, como Esdras deixa claro aqui, uma "linhagem santa" (9:2).

Os israelitas deveriam viver uma vida separada das nações incrédulas ao seu redor, a fim de assegurar a sobrevivência e a prosperidade de sua fé.[3]

O casamento era, naquele tempo, o principal fator do envolvimento de Israel com os deuses pagãos e com a prática da idolatria, pecado que resultou na destruição do templo erigido por Salomão, da cidade de Jerusalém e na deportação do povo para o cativeiro babilônico. Warren Wiersbe destaca que a maneira de Esdras enfrentar esse difícil problema é um exemplo a todo cristão de hoje que leva a sério o mandamento divino: "Sereis santos, porque eu sou santo" (Lv 11:44).[4]

Destacamos, aqui, dois pontos:

Em primeiro lugar, *uma flagrante desobediência* (9:1). "Acabadas, pois, estas coisas, vieram ter comigo os príncipes, dizendo: O povo de Israel, e os sacerdotes, e os levitas não se separaram dos povos de outras terras com as suas abominações, isto é, dos cananeus, dos heteus, dos ferezeus, dos jebuseus, dos amonitas, dos moabitas, dos egípcios e dos amorreus". Quatro meses depois da chegada de Esdras em Jerusalém (7:9; 10:9), descobriu-se que nem tudo estava bem em Jerusalém, pois alguns líderes civis e espirituais do povo eram culpados de desobedecer deliberadamente à lei que Esdras tinha ido ensinar.[5] Até mesmo sacerdotes e levitas, que deveriam observar e ensinar a lei, estavam desobedecendo a lei.

Esdras não censura aqueles que vieram lhe trazer essas más novas, assim como mais tarde o apóstolo Paulo não censurou a casa de Cloé, que o informou de alguns pecados flagrantes da igreja de Corinto (1Co 1:11). Esdras é informado que o povo de Israel e seus líderes civis e religiosos estão imiscuídos com os povos idólatras, em flagrante desobediência aos preceitos da lei de Moisés. A corrupção do povo estava presente de alto a baixo. Líderes civis (os príncipes), líderes religiosos (sacerdotes e levitas) bem como o povo estavam em aberta rebelião contra a lei divina. A ordem de Deus proibia expressamente essa união com os povos que deviam removidos da terra, por causa de suas abominações. Casar-se e dar-se em casamento com essas nações pagãs era contaminar a semente santa, de onde procederia o Messias (Êx 34:10-17). Vejamos os alertas da lei de Deus sobre o tema:

> Quando o Senhor, teu Deus, te introduzir na terra a qual passas a possuir, e tiver lançado muitas nações de diante de ti, os heteus, e os girgaseus, e os amorreus, e os cananeus, e os ferezeus, e os heveus, e os jebuseus, sete nações mais numerosas e mais poderosas do que tu; e o Senhor, teu Deus, as tiver dado diante de ti, para as ferir, totalmente as destruirás; não farás com elas aliança, nem terás piedade delas; nem contrairás matrimônio com os filhos dessas nações; não darás tuas filhas a seus filhos; nem tomarás suas filhas para teus filhos; pois elas fariam desviar teus filhos de mim, para que servissem a outros deuses; e a ira do Senhor se acenderia contra vós outros e depressa vos destruiria (Dt 7:1-4).

Em segundo lugar, *uma deliberada contaminação* (9:2). "Pois tomaram das suas filhas para si e para seus filhos; e, assim, se misturou a linhagem santa com os povos dessas terras, e até os príncipes e magistrados foram os primeiros nesta transgressão". Essa mistura da linhagem santa com uma linhagem pagã, por intermédio de casamentos mistos é vista como uma transgressão acintosa à lei de Deus (Êx 34:15,16; Dt 7:1-6). Os líderes (príncipes e magistrados) longe de serem exemplo para o povo, são os mais açodados na violação da lei. Da mesma maneira que aconteceu com Salomão (1Rs 11:1-13), os homens de Israel começariam a adorar os falsos deuses de suas respectivas esposas e logo, a verdadeira fé seria destruída (Êx 34:10-17).

Concordo com Warren Wiersbe, quando escreve:

Deus deu a Israel a lei acerca do casamento para proteger a nação da contaminação. Por causa desses casamentos mistos, a "linhagem santa" estava sendo contaminada pelas mulheres estrangeiras de várias nações que Deus havia ordenado que Israel destruísse (Dt 7:1-6). O povo de Israel não era chamado de "nação santa" (Êx 19:5,6) por ser melhor do que os outros, mas porque Deus os havia escolhido por seu amor para fazer sua vontade (Dt 7:7-11).[6]

A situação de Israel ainda era mais grave. Além de contraírem matrimônio proibidos por Deus, os judeus casados se divorciavam de sua respectiva esposa judia a fim de tomarem para si esposa pagã. Esse foi o pecado que o profeta Malaquias, um pouco mais a frente, denunciou (Ml 2:13-16).

O pecado do povo traz profunda tristeza (9:3,4)

Esdras foi a Jerusalém, como um embaixador do rei Artaxerxes, não apenas como um líder espiritual, mas, também, como uma autoridade civil (7:25,26). Dependendo da transgressão, Esdras poderia expulsar as pessoas da comunidade, confiscar seus bens e até mesmo ordenar sua execução. A postura de Esdras, portanto, é chocante. Ele não pregou um sermão inflamado, mas assentou-se, chorou, rasgou suas veste e lamentou. Concordo com Damaray, quando diz que essa oração de humilde confissão e de fervorosa intercessão a favor daqueles que tinham pecado é uma das mais notáveis orações das Escrituras.[7] Vejamos:

Em primeiro lugar, *o que Esdras fez* (9:3a). "Ouvindo eu tal coisa, rasguei as minhas vestes e o meu manto e arranquei os cabelos da cabeça e da barba...". O sentimento de euforia que acompanhou o retorno de Esdras e dos exilados da Babilônia foi rudemente abalado.[8] Essas más notícias impactaram de tal maneira a Esdras, que ele reage como se estivesse recebendo a notícia da morte de um ente querido. Esdras exterioriza sua angústia rasgando suas vestes e arrancando os seus cabelos. Rasgar as vestes, arrancar os cabelos da cabeça e da barba eram sinais de desespero, grande aflição e profunda dor (Gn 37:29,34; Js 7:6; 2Sm 13:19; Jó 1:20; Is 22:12). Esdras está transtornado, consternado e profundamente triste com essa transgressão do povo de Israel e de seus líderes. Neemias 13:25 faz um contraste esmerado entre Esdras e Neemias. Neemias arrancou os cabelos de seus transgressores, Esdras arrancou os seus próprios.[9]

Em segundo lugar, *o que Esdras sentiu* (9:3b). "... e me assentei atônito". Esdras está chocado, atordoado e desconsolado, pois percebe que a causa do cativeiro, a idolatria do povo, está novamente sendo praticada de alto a baixo da sociedade israelita. Mesmo sendo alvos de uma bondade tão eloquente de Deus, retornando à sua terra, o povo ainda virava as costas para Deus para ofendê-lo com seus pecados. O mais chocante é que alguns dos transgressores eram sacerdotes e levitas que, conheciam a lei e tinham a responsabilidade de ensiná-la ao povo.

A sociedade contemporânea parece não ficar mais chocada com o pecado. O povo de Deus não se constrange mais em ver que os valores absolutos estão sendo abandonados. A reação de Esdras deveria nos despertar dessa letargia e desse conformismo ameaçador. Warren Wiersbe corrobora, dizendo: "Um dos grandes males da sociedade de hoje é que as pessoas não ficam mais escandalizadas com o pecado nem se mostram dispostas a tomar uma atitude em relação a ele. Líderes políticos podem cometer transgressões flagrantes à lei e não apenas sair impunes, mas também ser reeleitas para seus cargos".[10]

Em terceiro lugar, *o que a atitude de Esdras produziu* (9:4). "Então, se ajuntaram a mim, todos os que tremiam das palavras do Deus de Israel, por causa da transgressão dos do cativeiro; porém eu permaneci assentado atônito até ao sacrifício da tarde". O gesto de Esdras chamou a atenção daqueles que haviam se capitulado ao pecado. Aqueles que tremiam das palavras do Deus de Israel se ajuntaram a ele, consternados com a vilania daqueles que, se conformaram com o pecado e estavam em aberta rebelião aos preceitos divinos. O exemplo de Esdras impacta, a postura do líder espiritual reverbera e aqueles que tinham temor e tremor diante da Palavra de Deus se somam a ele. Concordo com Derek Kidner, quando diz que os líderes de hoje precisam gastar uma quantidade considerável de tempo em oração, não como o último recurso, mas como o primeiro impulso.[11]

A confissão revela o reconhecimento do pecado (9:5-7)

Esdras não está encastelado em sua torre de marfim, olhando o povo de cima para baixo. Não aponta o dedo em riste, vociferando palavras acusatórias, como se o pecado do povo não o atingisse. Ele se identifica com o povo, ao qual lidera. Vejamos:

Em primeiro lugar, *uma oração que retrata humildade* (9:5). "Na hora do sacrifício da tarde, levantei-me da minha humilhação, com as vestes e o manto já rasgados, me pus de joelhos, estendi as mãos ao Senhor, meu Deus". Os atos externos de vestes rasgadas, joelhos dobrados e mãos estendidas retratavam o estado de alma de Esdras. Essa é a mesma postura do publicano que, humildemente, sequer ousava levantar a cabeça diante de Deus. Essa é uma demonstração de humildade diante da majestade do Deus três vezes santo.

Em segundo lugar, *uma oração que se identifica com a coletividade* (9:6). "E disse: Meu Deus! Estou confuso e envergonhado, para levantar a ti a face, meu Deus, porque as nossas iniquidades se multiplicaram sobre a nossa cabeça, e a nossa culpa cresce até aos céus". Esdras não aponta o dedo para os transgressores. Ele, à semelhança de Daniel e Neemias, se inclui entre os transgressores e admite a culpa coletiva de todo o povo. Ao dirigir-se a Deus e interceder pelo povo, não fala de "suas transgressões", mas de "nossas transgressões". Embora ele se refira a Deus como "meu Deus", ele confessa as "nossas iniquidades".[12] Derek Kidner destaca que Esdras poderia ter protestado sua inocência, mas, como o Servo de Isaías 53:12, foi impelido a considerar-se "contado com os transgressores", mais profundamente envergonhado da culpa nacional do que qualquer um deles.[13] Derek Thomas diz, corretamente, que quando fazemos a oração do Pai-Nosso, confessamos não somente nossos próprios pecados, mas os pecados de toda a igreja.[14]

Concordo com Warren Wiersbe, quando diz que diante de Deus, Israel era uma só nação da aliança, e os pecados de uma pessoa afetavam todo o povo. Quando Acã desobedeceu ao Senhor em Jericó, por exemplo, Deus disse a Josué: "Israel pecou" (Js 7:11). O mesmo princípio aplica-se à igreja local (1Co 5:6-8). A menos que o pecado seja tratado, a congregação torna-se impura.[15]

Em terceiro lugar, *uma oração feita com senso de vergonha* (9:6). "... Meu Deus! Estou confuso e envergonhado, para levantar a ti a face, meu Deus...". O pecado produz vergonha e confusão. Esdras é um líder que se identifica com o povo e sofre as dores do povo, sentindo-se um do povo. O pecado é tão sujo e tão horrendo que Esdras está constrangido de erguer seus olhos ao céu e levantar a Deus a sua face. A incapacidade de se envergonhar do pecado é sinal de hipocrisia e de uma experiência espiritual leviana (Jr 6:13-15). De abismo em abismo as pessoas rumam açodadamente para uma decadência moral. Elas aceitam o que é errado. Depois aprovam e, por fim, praticam. O profeta Jeremias denuncia: "Serão envergonhados, porque cometem abominação sem sentir por isso vergonha; nem sabem que coisa é envergonhar-se" (Jr 8:12a). O que era escandaloso e vergonhoso ontem, hoje é aplaudido de pé; aquilo que causou vergonha ontem, hoje é motivo de orgulho. Triste realidade!

Em quarto lugar, *uma oração que destaca a gravidade do pecado* (9:6). "... porque as nossas iniquidades se multiplicaram sobre a nossa cabeça, e a nossa culpa cresceu até aos céus". Esdras não minimiza a iniquidade nem atenua a culpa. Ele sabe da enormidade do pecado que pesa sobre a cabeça do povo e sabe da culpa do povo que cresce até aos céus. Nos dias do rei Acabe, Jezabel, sua mulher, impôs à força da baioneta e da espada o culto a Baal em Israel. Os profetas de Deus foram perseguidos e mortos. O casamento misto era a porta de entrada da idolatria e a idolatria era a derrocada espiritual da nação.

Em quinto lugar, *uma oração que revela a reincidência contumaz do pecado* (9:7a). "Desde os dias de nossos pais até hoje, estamos em grande culpa...". Israel foi contumaz no pecado. Desde que saiu do Egito – nos quarenta anos de peregrinação no deserto, passando pelos sete anos de conquista da terra prometida, os trezentos e trinta anos do período dos juízes, os cento e vinte anos de monarquia unificada, os trezentos e quarenta e cinco anos do reino de Judá, os setenta anos do cativeiro babilônico e os oitenta anos de retorno à terra da promessa – o povo não deixou de transgredir e de atrair sobre si grande culpa.

Em sexto lugar, *uma oração que destaca as consequências do pecado* (9:7b). "... e, por causa das nossas iniquidades, fomos entregues, nós, os nossos reis e os nossos sacerdotes, nas mãos dos reis de outras terras e sujeitos à espada, ao cativeiro, ao roubo e à ignomínia, como hoje se vê". Esdras, em sua oração, faz um minucioso inventário das calamidades produzidas como consequência das iniquidades cometidas pelo povo. O cativeiro babilônico não foi apenas uma questão de supremacia militar dos caldeus sobre os judeus, mas uma manifestação do juízo divino. Foi Deus quem entregou aos caldeus os vasos do templo, o templo, Jerusalém e o povo. Os caldeus escravizaram os reis, os sacerdotes e o povo. A cidade de Jerusalém foi passada ao fio da espada. Os bens do povo foram roubados, saqueados e espoliados. O povo foi entregue a grande ignomínia. O pecado é malignissimo. Leva o pecador mais longe do que gostaria de ir, retém-no mais tempo do que gostaria de ficar, e custa-lhe um preço mais caro do que gostaria de pagar. O pecado é um estelionatário. Promete prazer e entrega desgosto; promete liberdade e escraviza; promete vida e mata. O pecado é uma fraude. Por trás da sua isca apetitosa, esconde-se o anzol da morte.

A confissão expressa o imerecimento das bênçãos recebidas (9:8,9)

Esdras contabiliza as bênçãos de Deus em favor do seu povo, para destacar a profunda ingratidão daqueles que foram abençoados e pagaram o bem com o mal. Vejamos:

Em primeiro lugar, *Deus preservou um remanescente* (9:8a). "Agora, por breve momento, se nos manifestou a graça da parte do Senhor, nosso Deus, para nos deixar alguns que escapem...". O povo que estava de volta em Jerusalém era um remanescente da graça do Senhor. Em vez de esses peregrinos estarem exultantes de gratidão a Deus por tamanho privilégio, estavam de malas prontas, decididos a voltar para os mesmos pecados que os havia escravizado.

Em segundo lugar, *Deus deu estabilidade ao povo* (9:8b). "... e para dar-nos estabilidade no seu santo lugar...". O remanescente saiu da terra da servidão para retornar à terra da promessa, onde Deus daria a eles estabilidade. Mas, o povo pagou o bem com o mal; a bondade de Deus, com rebelião; e o favor de Deus com ingratidão.

Em terceiro lugar, *Deus iluminou os olhos do povo* (9:8c). "... para nos alumiar os olhos, ó Deus nosso...". A escravidão onde estavam submetidos era lugar de trevas; a restauração, entrementes, traz luz aos olhos. Warren Wiersbe diz que ter os olhos iluminados é uma forma de referir-se a uma nova vida, nova alegria e ao amanhecer de um novo dia.

Em quarto lugar, *Deus deu vida ao povo na servidão* (9:8d). "... e para nos dar um pouco de vida na nossa servidão". Embora Israel ainda estivesse sob o jugo dos reis persas, Deus lhes deu um pouco de vida. A presença de um remanescente na terra prometida era como uma ressurreição dentre os mortos.

Em quinto lugar, *Deus deu amparo ao povo na servidão* (9:9a). "Porque somos servos, porém, na nossa servidão, não nos desamparou o nosso Deus; antes, estendeu sobre nós a sua misericórdia, e achamos o favor perante os reis da Pérsia, para nos reviver, para levantar a casa do nosso Deus, para restaurar as suas ruínas...". Deus disciplinou o seu povo, enviando-o para o cativeiro, mas não o desamparou no cativeiro. Deus mesmo moveu o coração dos reis da Pérsia para enviar o seu povo de volta a Jerusalém, com o propósito de edificar a casa de Deus e restaurar suas ruínas. Tiberius Rata é oportuno, ao escrever: "Esdras reconhece que o exílio foi o resultado direto do pecado do povo, mas que o retorno do exílio foi o resultado direto do amor imutável de Deus para com seu povo".[16]

Em sexto lugar, *Deus deu proteção ao povo no retorno* (9:9b). "... e para que nos desse um muro de segurança em Judá e em Jerusalém". Esdras não está aqui se referindo aos muros de Jerusalém, que foram construídos mais tarde, sob a liderança de Neemias. Nas palavras de Demaray, "a expressão figurada significa ter proteção".[17] Deus mesmo é o muro protetor de seu povo. Nas palavras do profeta Zacarias, Deus é um muro de fogo ao redor do seu povo (Zc 2:5). Warren Wiersbe diz que essa figura usada por Esdras refere-se ao fato de Deus ter tocado o coração de reis – Ciro, Dario, Xerxes e Artaxerxes – a fim de garantir a seu povo a libertação do cativeiro e a segurança na própria terra. O Senhor usou esses reis para cumprir o seu propósito.[18]

A confissão destaca a ingratidão do povo (9:10-12)

Em sua oração de confissão, Esdras carrega as tintas para enfatizar a ingratidão do povo de Israel:

> Agora, ó nosso Deus, que diremos depois disto? Pois deixamos os teus mandamentos, que ordenaste por intermédio dos teus servos, os profetas, dizendo: A terra em que entrais para a possuir é terra imunda pela imundícia dos seus povos, pelas abominações com que, na sua corrupção, a encheram duma extremidade à outra. Por isso, não dareis as vossas filhas a seus filhos, e suas filhas não tomareis para os vossos filhos, e jamais procurareis a paz e o bem desses povos; para que sejais fortes, e comais o melhor da terra, e a deixeis por herança a vossos filhos, para sempre (9:10-12).

Faltam as palavras a Esdras, para destacar a ingratidão do povo de Israel, que ajudado por Deus, retorna à sua terra depois de uma amarga escravidão, apenas para reincidir nos mesmos pecados. O povo deixou os mandamentos ordenados pelos profetas de Deus, que expressamente proibiam o casamento dos descendentes de Israel com os descendentes das nações pagãs. Essa mistura é tratada como imundícia, pois por meio desses casamentos mistos é que a idolatria abominável se infiltrou em Israel, causando suas acachapantes derrotas políticas e sua apostasia espiritual.

A confissão reconhece a grande culpa do povo (9:13-15)

Esdras está muito aflito com a atitude do povo e de seus líderes, que depois de terem recebido tantos sinais do favor de Deus, retribuíram ao Senhor, com desobediência à sua palavra, numa transgressão consciente e deliberada. Vejamos:

Em primeiro lugar, *reconhece que o castigo é menor do que a culpa* (9:13,14). As palavras de Esdras são contundentes:

> Depois de tudo o que nos tem sucedido por causa das nossas más obras e da nossa grande culpa, e vendo ainda que tu, ó nosso Deus, nos tens castigado menos do que merecem as nossas iniquidades e ainda nos deste este restante que escapou, tornaremos a violar os teus mandamentos e a aparentar-nos com os povos destas abominações? Não te indignarias tu, assim, contra nós, até de todo nos consumires, até não haver restante nem alguém que escapasse? (9:13,14).

As obras do povo de Israel são más, a sua culpa é grande e o castigo que recebeu é menor do que a sua culpa. Por isso, Esdras faz duas perguntas retóricas para realçar a gravidade da culpa do povo de Deus. O versículo 14 contém duas perguntas retóricas. A primeira: "Tornaremos a violar os teus mandamentos e a aparentar-nos com os povos destas abominações?". Essa pergunta exige um NÃO como resposta. A segunda pergunta: "Não se indignarias tu, assim, contra nós, até de todo nos consumires?" Essa pergunta exige um SIM como resposta. Portanto, nessa oração, Esdras exalta a Deus e afirma a justiça e a retidão de Deus.[19]

Concordo com Tiberius Rata, quando diz:

> A oração de Esdras é um monumento à importância da oração para o líder cristão atual. Programas, não importa quão elaborados ou extravagantes, nunca poderão substituir uma profunda vida de oração. Como Esdras, precisamos aprender a confessar o pecado pessoal e o coletivo. Como Esdras, precisamos aprender a nos identificar com as pessoas a quem ministramos. O líder com uma atitude de santarrão não irá longe, enquanto que o líder que se humilha, a fim de identificar-se com aquele que errou, terá sucesso em ser como nosso Senhor

Jesus "que a si mesmo se esvaziou", assumiu a forma de servo e humilhou-se até à morte, e morte de cruz (Fp 2:6-8).[20]

Em segundo lugar, *demonstra total resignação* (9:15). "Ah, Senhor, Deus de Israel, justo és, pois somos os restantes que escaparam, como hoje se vê. Eis que estamos diante de ti na nossa culpa, porque ninguém há que possa estar na tua presença por causa disto". Esdras entrega a Israel e a si próprio inteiramente à misericórdia de Deus. É pura resignação, sem qualquer pedido de perdão.[21] Esdras sequer consegue fazer qualquer pedido a Deus. Ele está completamente resignado, sem nada a reivindicar, cônscio de que o povo poderia ter cruzado a linha, de onde não poderia mais retornar. Demaray corrobora: "Com o reconhecimento da justiça divina, Esdras deixa o povo nas mãos do Senhor para fazer com ele o que julgar adequado".[22]

Derek Kidner é enfático: "A oração termina com o claro reconhecimento de que Deus teria toda a razão se quisesse romper com esta comunidade, como certa vez ameaçara fazer com uma geração anterior (Êx 32:10). Essa não era nenhuma fantasia exagerada. Havia outros israelitas espalhados no estrangeiro, através dos quais as promessas poderiam ser cumpridas. Esdras nem sequer tinha o ânimo para argumentar, conforme Moisés fizera, que o nome de Deus sofreria em tal caso. Sua oração era confissão aberta, sem desculpas, sem pressão, nem sequer de um único pedido.[23]

Notas

1 DEMARAY, C. E. *O livro de Esdras*, p. 500.

2 RATA, Tiberius. *Esdras e Neemias*, p. 94.

3 THOMAS, Derek. *Esdras e Neemias*, p. 171.
4 WIERSBE, Warren W. *Comentário Bíblico Expositivo*. Vol. 2, p. 607.
5 Ibidem.
6 Ibidem, p. 607, 608.
7 DEMARAY, C. E. *O livro de Esdras*, p. 501.
8 THOMAS, Derek. *Esdras e Neemias*, p. 172.
9 KIDNER, Derek. *Esdras e Neemias: Introdução e Comentário*, p. 74.
10 WIERSBE, Warren W. *Comentário Bíblico Expositivo*. Vol. 2, p. 608.
11 RATA, Tiberius. *Esdras e Neemias*, p. 95.
12 Ibidem, p. 97.
13 KIDNER, Derek. *Esdras e Neemias: Introdução e Comentário*, p. 75.
14 THOMAS, Derek. *Esdras e Neemias*, p. 179.
15 WIERSBE, Warren W. *Comentário Bíblico Expositivo*. Vol. 2, p. 609.
16 RATA, Tiberius. *Esdras e Neemias*, p. 97.
17 DEMARAY, C. E. *O Livro de Esdras*, p. 501.
18 WIERSBE, Warren W. *Comentário Bíblico Expositivo*. Vol. 2, p. 610.
19 RATA, Tiberius. *Esdras e Neemias*, p. 97.
20 Ibidem, p. 97,98.
21 THOMAS, Derek. *Esdras e Neemias*, p. 180.
22 DEMARAY, C. E. *O Livro de Esdras*, p. 501.
23 KIDNER, Derek. *Esdras e Neemias: Introdução e Comentário*, p. 75, 76.

Capítulo 10

Uma reforma necessária

(Esdras 10:1-44)

Esdras liderava pelo exemplo.[1] A reforma espiritual procede de um líder de coração quebrantado, de olhos molhados de lágrimas e de uma tristeza segundo Deus. Ainda hoje precisamos de líderes da mesma estirpe. Homens que amem a Deus e ao povo. Homens que tremam e temam diante do Senhor. Homens que tenham o dom das lágrimas. Homens de oração e jejum. Homens que pregam a Palavra de Deus no poder do Espírito Santo. Homens que não negociam princípios e valores para conformarem-se com o pecado. Homens que ousam tomar medidas impopulares para manter o povo de Deus longe do caminho escorregadio da transgressão.

Warren Wiersbe tem razão em dizer que chega um momento em que o povo de Deus deve parar de rir e começar a chorar e a confessar seus pecados, conforme o ensino de Tiago: "Afligi-vos, lamentai e chorai. Converta-se o vosso riso em pranto, e a vossa alegria em tristeza. Humilhai-vos na presença do Senhor, e Ele vos exaltará" (Tg 4:9,10). Essa é a fórmula de Deus para o reavivamento.[2]

O exemplo de um líder (10:1)

Esdras é um escriba, um mestre da lei e um intercessor de coração quebrantado. Ele tem luz na mente e fogo no coração. Ele fica de pé diante dos homens porque se prostra diante de Deus. Ele prevalece em público na pregação, porque se curva diante de Deus em oração. Destacaremos três pontos importantes aqui:

Em primeiro lugar, *um homem de oração e lágrimas* (10:1a). "Enquanto Esdras orava e fazia confissão, chorando prostrado diante da Casa de Deus...". Esdras não é um líder que aponta os pecados do povo, com o dedo em riste e com o coração gelado. Ele sente o fardo do povo. Identifica-se com ele. Sua oração era banhada de lágrimas. Sua confissão pública e representativa, uma demonstração do seu consternamento diante das mazelas morais em que caíra o povo pós-exílio.

Em segundo lugar, *um líder inspirador* (10:1b). "... ajuntou-se a ele de Israel mui grande congregação de homens, de mulheres e de crianças...". Esdras era um líder inspirador. Sua liderança não era imposta pela força, mas inspirada pelo exemplo. Sua postura não foi de colocar o dedo em riste, mas de orar, interceder e chorar.

Em terceiro lugar, *um exemplo eficaz* (10:1c). "... pois o povo chorava com grande choro". A postura de Esdras foi como um eloquente discurso. Seu exemplo atraiu mui grande multidão. Homens, mulheres e crianças renderam-se também ao choro convulsivo de arrependimento. Conforme afirma Derek Thomas, "Esdras havia encontrado uma comunidade que havia perdido o senso de vocação, uma comunidade comprometida que estava começando a refletir mais a cultura ao seu redor do que a cultura distintiva da sociedade de Deus. Por meio de oração penitencial e ações rígidas, ele decidiu corrigir a situação".[3]

A cooperação de homens fiéis (10:2-5)

Secanias, um dos cooperadores de Esdras, toma a palavra e representativamente, como porta-voz, à semelhança de Esdras, confessa a transgressão do povo e dá nome ao pecado que estava cometendo em violação à lei de Deus. Vejamos:

Em primeiro lugar, *a natureza do problema* (10:2a). "Então, Secanias, filho de Jeiel, um dos filhos de Elão, tomou a palavra e disse a Esdras: Nós temos transgredido contra o nosso Deus, casando com mulheres estrangeiras, dos povos de outras terras...". A expressão "mulheres estrangeiras" aparece dez vezes no Antigo Testamento. Ela aparece pela primeira vez em conexão com o rei Salomão, que se casou com mulheres estrangeiras identificadas como moabitas, amonitas, edomitas, sidônias e hititas. Essas mulheres eram idólatras e não judias.

Concordo com Tiberius Rata: "Não foi o casamento com estrangeiros que causou tal consternação em Esdras, mas com estrangeiros que, quer sincretistas ou pagãos, eram idólatras".[4] O casamento misto, não era apenas um problema inter-racial, mas, sobretudo, um problema inter-confessional. A questão não era étnica, mas a pureza da fé. Esses casamentos eram a porta de entrada da idolatria. Essa mistura contaminava a raça eleita, a nação separada por Deus, para trazer ao mundo o Messias.

Derek Thomas é enfático ao dizer que seria totalmente errado e ofensivo interpretar essa proibição de casamentos mistos como uma atitude racista, como uma mera proibição de casamentos inter-raciais. Esse não era o propósito. Por trás da proibição estava o fato de que Israel era a "linhagem santa" (9:2) e a promessa da aliança divina de que, por intermédio dos israelitas, viria a "semente" ou a "descendência" que é Cristo (Gl 3:16). A proibição aplica-se apenas às circunstâncias da história da redenção, o que torna absolutamente injustificável sugerir que o casamento inter-racial seja proibido pela Bíblia nos dias de hoje.[5] O mesmo autor prossegue, dizendo que dissimular o racismo sob uma falsa aparência de sansão bíblica é uma atitude totalmente repreensível. Moisés, afinal de contas, casou-se com uma cuxita ou etíope (Nm 12:1), e, quando Miriã, sua irmã, criticou o casamento, Deus a tornou leprosa.[6]

Em segundo lugar, *a esperança em meio ao problema* (10:2b). "... mas, no tocante a isto, ainda há esperança para Israel". Secanias não perde a esperança no poder de Deus para perdoar as transgressões do povo tampouco na misericórdia divina para restaurar os faltosos. Onde há arrependimento sincero, há perdão verdadeiro. Deus não rejeita o coração quebrantado. Ele é rico em perdoar e tem prazer na misericórdia. Esdras tem confiança de que as coisas, por pior que estejam, podem ser corrigidas.

Derek Thomas exemplifica esse fato, contando o que ocorreu em janeiro de 1907, no reavivamento em Pyongyang, na Coreia, onde mil e quinhentos homens estavam reunidos, chorando por seus pecados e pedindo um derramamento do Espírito Santo. Depois de um breve sermão, os homens se levantaram, e um a um, começaram a confessar seus pecados, e a cair em choro. Prostrados depois de uma confissão, todos oravam em voz alta, e o efeito de centenas de homens orando juntos tornou-se um fato indescritível. Depois de outra confissão, eles irrompiam num choro incontrolável, e todos choravam juntos. E assim, a reunião estendeu-se até às duas horas da madrugada com confissões, choro e orações. Eles haviam pedido um derramamento do Espírito e isso aconteceu.[7] Sempre há esperança quando nos voltamos para Deus de todo o nosso coração (Jl 2:12-30).

Em terceiro lugar, *a proposta de solução do problema* (10:3). "Agora, pois, façamos aliança com o nosso Deus, de que despediremos todas as mulheres e os seus filhos, segundo o conselho do Senhor e o dos que tremem ao mandado do nosso Deus; e faça-se segundo a lei". Os casamentos inter-religiosos e interconfessionais eram o cerne do problema, o flanco aberto por onde estava entrando a apostasia do povo. Não cabia nesse momento medidas paliativas. A gravidade do problema exigia uma medida urgente e radical. E essa medida foi adotada.

O caminho encontrado foi o rompimento definitivo daqueles pactos, para fazerem aliança com o Deus da aliança. A decisão precisa ser tomada por um povo que treme ao mandado de Deus e que esteja disposto a andar segundo a lei de Deus. Tiberius Rata interpreta corretamente quando diz que os culpados pelo pecado de casamentos com mulheres estrangeiras devem se comprometer a "despedir" não apenas as mulheres, mas também os filhos. Embora a proposta pareça dura à vista da compreensão cristã contemporânea, ela visava a resguardar os filhos de Deus de profanar a sagrada instituição do casamento.[8]

Mais tarde, quando Neemias chegou e enfrentou o mesmo problema, ele proíbe o casamento com pagãos, mas não insiste na dissolução dessas uniões já existentes (Ne 13:23-29). Derek Thomas também chama a atenção para o fato de que a palavra "casar" só é trazida desse modo aqui e em Neemias 13:23. Portanto, é possível que tenhamos aqui não a dissolução de casamentos, mas meros exemplos de uniões ilícitas. Além disso, devemos observar que a palavra "divórcio" não é usada nessa passagem, e "estrangeiras", no versículo 2, é a mesma palavra traduzida do hebraico como "adúltera" no livro de Provérbios (Pv 2:16; 5:20; 6:24; 7:5; 23:27; 27:13).[9]

Em quarto lugar, *o desafio ao líder* (10:4). "Levanta-te, pois esta coisa é de tua incumbência, e nós seremos contigo; sê forte e age". Secanias tem autoridade para exortar Esdras. O líder tem o ônus da decisão. A incumbência de conduzir o povo à decisão de obedecer a lei de Deus era uma prerrogativa de Esdras. Há momento de ficar prostrado, rendido às lágrimas e há momento para se levantar e agir. Esdras, entretanto, não tomaria uma decisão solitária. Secanias e os demais líderes estavam do lado dele. À semelhança do que Moisés dissera a Josué (Dt 31:7) e do que o próprio Deus dissera a Josué (Js 1:6,9), Esdras precisava ser forte e agir.

Em quinto lugar, *a decisão do líder* (10:5). "Então, Esdras se levantou e ajuramentou os principais sacerdotes, os levitas e todo o Israel, de que fariam segundo esta palavra. E eles juraram". Esdras atende ao apelo de Secanias. Ele se levantou e fez os principais sacerdotes, os levitas e todo o povo jurar que obedeceriam à risca a lei de Deus. Esdras começa com a liderança, ou seja, os principais sacerdotes e os levitas. Havia entre esses líderes aqueles que à semelhança do povo, também tinham se unido a mulheres estrangeiras. A liderança deve ser a primeira a arrepender-se. Cabe a ela dar o exemplo de uma volta sincera para Deus.

A postura do líder (10:6-8)

Esdras não é um homem que lidera na força do braço, com o dedo em riste, fazendo ameaças ao povo. Ele lidera pelo exemplo e não pela imposição. Vejamos:

Em primeiro lugar, *sente o fardo do povo* (10:6). "Esdras se retirou de diante da Casa de Deus, e entrou na câmara de Joanã, filho de Eliasibe, e lá não comeu pão nem bebeu água, porque pranteava por causa da transgressão dos que tinham voltado do exílio". Esdras se retirou à câmara de Joanã, homem de posição sacerdotal, para chorar, orar e jejuar. Antes de Esdras liderar o povo na sua volta para Deus e à sua palavra, demonstra a gravidade do pecado do povo e como isso trazia tristeza ao seu coração. Ele não se dirigiu inicialmente ao povo, em público, mas a Deus, em secreto. Antes de levantar-se diante dos homens, ele prostrou-se diante de Deus. Antes de prevalecer na exortação ao povo, ele prevaleceu em oração. Antes de lutar com os homens, lutou com Deus em favor dos homens e isso com jejum e choro. Esdras é um líder que sente o fardo do povo, e por isso, age com o coração quebrantado.

Em segundo lugar, *convoca solenemente o povo* (10:7). "Fez-se passar pregão por Judá e Jerusalém a todos os que vieram do exílio, que deviam ajuntar-se em Jerusalém". Vemos, aqui, uma convocação oficial, para uma reunião de todo o povo que voltara do exílio, para reunir-se em Jerusalém. Não se tratava de um convite, mas de uma convocação. Esdras era autoridade civil e religiosa. Ele era oficial do rei e falava em nome do rei Artaxerxes e em nome do Deus Todo-poderoso. Ele tinha autoridade e competência para impor sanções pesadas aos rebeldes e recalcitrantes.

Em terceiro lugar, *as consequências da desobediência* (10:8). "E que, se alguém, em três dias, não viesse, segundo o conselho dos príncipes e dos anciãos, todos os seus bens seriam totalmente destruídos, e ele mesmo separado da congregação dos que voltaram do exílio". A convocação era urgente. Dentro de três dias, todas as pessoas que voltaram do exílio, deveriam estar presentes na cidade de Jerusalém. Tratava-se de um assunto grave e urgente. Postergar a decisão era ameaçador para a saúde espiritual da nação. Não atender ao chamado de Esdras era sofrer severas sanções como o sequestro dos bens e o banimento da sociedade israelita. Tiberius Rata diz que ser banido da comunidade dos fiéis era ser colocado no mesmo nível dos leprosos imundos. O infiel viveria em exílio autoimposto devido à sua desobediência e recusa de viver em santidade.[10]

A reunião solene do povo (10:9-17)

O pregão emitido por Esdras foi atendido prontamente. O povo atendeu à convocação e todos se reuniram em Jerusalém dentro do prazo determinado. Vejamos:

Em primeiro lugar, *uma reunião unânime* (10:9). "Então, todos os homens de Judá e Benjamim, em três dias, se ajuntaram em Jerusalém; no dia vinte do mês nono, todo o povo se assentou na praça da Casa de Deus, tremendo por causa desta coisa e por causa das grandes chuvas". A convocação teve pleno êxito. No dia 20 de dezembro de 458 a.C., todos os homens de Judá e Benjamim estavam assentados na praça da Casa de Deus, atemorizados por causa do pecado que haviam cometido, de se unirem a mulheres estrangeiras e tremendo por causa das fortes chuvas que eram despejadas sobre Jerusalém, no nono mês, o mês de dezembro. Não apenas Esdras tinham o rosto molhado de lágrimas, mas, também, os céus destilavam lágrimas, fazendo cair sobre Jerusalém, chuvas torrenciais. Aquela grande assembleia reunida debaixo de chuva caudalosa retratava a gravidade da hora que viviam.

Em segundo lugar, *a acusação da liderança* (10:10). "Então, se levantou Esdras, o sacerdote, e lhes disse: Vós transgredistes casando-vos com mulheres estrangeiras, aumentando a culpa de Israel". É digno de destaque que o problema não era racial, mas religioso. Rute, uma moabita, casou-se com Boaz e tornou-se bisavó do rei Davi. O problema é que esses casamentos interconfessionais eram a porta de entrada para a idolatria. Os filhos dessas relações perdiam o contato com a língua e com os valores da fé judaica (Ne 13:23-27). Esdras vê nesses casamentos mistos uma transgressão. E vê nessa prática o aumento da culpa de Israel.

Em terceiro lugar, *a ordem da liderança* (10:11). "Agora, pois, fazei confissão ao Senhor, Deus de vossos pais, e fazei o que é do seu agrado; separai-vos dos povos de outras terras e das mulheres estrangeiras". Se o casamento misto era uma transgressão, a solução do problema requeria arrependimento e confissão. Mais do que isso, exigia uma separação definitiva dos povos de outras terras bem como separação das mulheres estrangeiras. Concordo com Tiberius Rata, quando diz que ser santo significa ser separado do mundo e separado para os propósitos de Deus. Ser santo significa ser separado do mundo, mas também significa ser separado para Deus – para fazer sua vontade e sua obra. Não se pode fazer um sem o outro.[11]

Derek Kidner diz que um fato a ser conservado em mente no que diz respeito a essa questão é que o divórcio era permitido em Israel, embora não sem alguma causa séria (Dt 24:1); e casamentos desfeitos estavam grassando nesse tempo por causa do oposto da presente razão, isto é, havia um número escandaloso de mulheres judias abandonadas por causa da preferência pelas mulheres pagãs (Ml 2:10-16). Embora o divórcio seja sempre odiado por Deus (Ml 2:16), e uma testemunha da "dureza de coração" dos homens (Mc 10:5), a situação descrita em Esdras 9 e 10 era um exemplo clássico de quando o menor dos dois males teve de ser escolhido. Se existisse uma razão séria para o divórcio, esta tinha mais direito de estar naquela categoria do que a maioria delas.[12]

Em quarto lugar, *a resposta do povo* (10:12). "Respondeu toda a congregação e disse em altas vozes: Assim seja; segundo as tuas palavras, assim nos convém fazer". Aquela numerosa congregação, reunida na praça da Casa de Deus, sob fortes chuvas, derrete-se diante do Senhor, admitindo sua culpa, e dispondo-se a obedecer a lei de Deus que haviam violado.

Em quinto lugar, *a proposta do povo é acolhida* (10:13,14). O texto bíblico diz:

> Porém o povo é muito, e, sendo tempo de grandes chuvas, não podemos estar aqui de fora; e não é isto obra de um dia ou dois, pois somos muitos os que transgredimos nesta coisa. Ora, que os nossos príncipes decidam por toda a congregação, e que venham a eles em tempos determinados todos os que em nossas cidades casaram com mulheres estrangeiras, e com estes os anciãos de cada cidade, e os seus juízes, até que desviemos de nós a brasume da ira do nosso Deus, por esta coisa (10:13,14).

O povo tinha consciência de que o problema era tão grave e tão capilarizado, que era impossível resolvê-lo adequadamente num grande ajuntamento, de um só dia, sobretudo, debaixo de chuvas torrenciais. O assunto merecia uma ação coordenada dos príncipes e dos anciãos, em cada cidade, num atendimento particularizado, uma vez que eram muitos os que haviam cometido essa transgressão de se casaram com mulheres estrangeiras. Foi, assim, organizado uma corte de divórcio. Dentro de três meses esse tribunal julgou todos os casos trazidos à sua atenção.[13]

Em sexto lugar, *a voz discordante* (10:15). "No entanto, Jônatas, filho de Asael, e Jazeías, filho de Ticvá, se opuseram a esta coisa; e Mesulão e Sabetai, levita, os apoiaram". Há sempre aqueles que destoam, que se opõem, que resistem em fazer o que deve ser feito. Há sempre, de igual modo, aqueles que apoiam aqueles que se recusam a obedecer. Isso retrata a profundidade do pecado e da transgressão do coração humano. Tiberius Rata diz, com razão, que o fato de alguns se oporem à obra de Deus e as boas iniciativas do seu povo é um tema recorrente em Esdras-Neemias. É notável que até mesmo Mesulão, que é um líder (8:6), e Sabetai, que é um levita, façam parte desse pequeno movimento de oposição. Eles não aparecem na lista dos transgressores (10:18-43), e não nos é dito especificamente ao que eles estavam se opondo.[14]

Em sétimo lugar, *a nomeação de equipes de trabalho* (10:16). "Assim o fizeram os que voltaram do exílio; então, Esdras, o sacerdote, elegeu nominalmente os homens cabeças de famílias, segundo a casa de seus pais, que se assentaram no dia primeiro do décimo mês, para inquirir esta coisa". A sugestão da congregação foi acatada e equipes de trabalho foram eleitas. Esdras nominou os homens cabeças de suas famílias, para serem os interlocutores e os agentes na solução do problema. Esses cabeças de famílias deveriam confrontar os membros de suas próprias famílias, tendo assim mais liberdade e autoridade para tratar do problema de forma transparente e honesta.

Em oitavo lugar, *a conclusão da investigação* (10:17). "E o concluíram no dia primeiro do primeiro mês, a respeito de todos os homens que casaram com mulheres estrangeiras". Essa investigação detalhada durou três meses, do dia primeiro do décimo mês ao dia primeiro do primeiro mês do ano seguinte. Diagnóstico feito, confronto realizado, decisão tomada. As mulheres e os filhos desses casamentos mistos foram despedidos. A nação de Israel precisava ser a semente santa, e só assim, poderia cumprir o propósito de ser luz para as nações e trazer ao mundo, o Messias. É digno de nota que esse problema não foi de todo resolvido, pelo menos, nos anos que se seguiram, pois quando Neemias, chegou em Jerusalém por volta do ano 444 a.C., teve que lidar novamente com esse mesmo problema (Ne 13:23-31).

A lista dos transgressores (10:18-44)

O livro de Esdras começa no capítulo 2 com uma lista dos nomes dos heróis judeus que se dispuseram de bom grado a voltar para a terra e servir ao Senhor. O livro termina com uma lista de pecadores que desobedeceram a Deus, mas colocaram a vida em ordem com o Senhor e com o povo publicamente.[15]

Vejamos a lista dos transgressores:

> Acharam-se dentre os filhos dos sacerdotes estes, que casaram com mulheres estrangeiras: dos filhos de Jesua, filho de Jozadaque, e de seus irmãos: Maaseias, Eliézer, Jaribe e Gedalias.

> Com um aperto de mão, prometeram despedir suas mulheres e, por serem culpados, ofereceram um carneiro do rebanho pela sua culpa. Dos filhos de Imer: Hanani e Zebadias. Dos filhos de Harim: Maaseias, Elias, Semaías, Jeiel e Uzias. Dos filhos de Pasur: Elioenai, Maaseias, Ismael, Natanael, Jozabade e Elasa. Dos levitas: Josabade e Simei, Quelaías (este é Quelita), Petaías, Judá e Eliézer. Dos cantores: Eliasibe; dos porteiros: Salum, Telém e Uri. E de Israel: dos filhos de Parós: Ramias, Jezias, Malquias, Miamim, Eleazar, Malquias e Benaia. Dos filhos de Elão: Matanias, Zacarias, Jeiel, Abdi, Jerimote e Elias. Dos filhos de Zatu: Elioenai, Eliasibe, Matanias, Jerimote, Zabade e Aziza. Dos filhos de Bebai: Joanã, Hananias, Zabai e Atlai. Dos filhos de Bani: Mesulão, Maluque, Adaías, Jasube, Seal e Jerimote. Dos filhos de Paate-Moabe: Adna, Quelal, Benaia, Maaseias, Matanias, Bezalel, Binui e Manassés. Dos filhos de Harim: Eliézer, Issias, Malquias, Semaías, Simeão, Benjamim, Maluque e Semarias. Dos filhos de Hasum: Matenai, Matatá, Zababe, Elifelete, Jeremai, Manassés e Simei. Dos filhos de Bani: Maadai, Anrão, Uel, Benaia, Bedias, Queluí, Vanias, Meremote, Eliasibe, Matanias, Matenai, Jaasai, Bani, Binui, Simei, Selemias, Natã, Adaías, Macnadbai, Sasai, Sarai, Azarel, Selemias, Semarias, Salum, Amarias e José. Dos filhos de Nebo: Jeiel, Matitias, Zabade, Zebina, Jadai, Joel e Benaia. Todos estes haviam tomado mulheres estrangeiras, alguns dos quais tinham filhos destas mulheres. (10:18-44)

Nessa longa lista, os culpados de casamento com mulheres estrangeiras, dezessete sacerdotes estavam incluídos, além de seis levitas, um cantor e três porteiros do templo, para mostrar que muitos dos líderes religiosos envolveram-se nessa violação da lei. Alguns dos sacerdotes culpados eram evidentemente parentes próximos de Jesua, o sumo sacerdote, que tinha retornado com Zorobabel. Uma comparação de Esdras 10:18-22 com 2:36-39 indica que nenhuma das ordens dos sacerdotes que voltaram estavam livre do casamento entre as raças.[16] Tiberius Rata destaca que o fato de a lista começar com os sacerdotes realça o fato de que os líderes religiosos e suas famílias não estão isentos de pecar.[17]

Warren Wiersbe é oportuno em sua observação: "Os transgressores constituíam um grupo pequeno em proporção à população total. O total de transgressores representava menos de 1% do povo. Porém, é sempre melhor tratar dessas questões quando ainda não são abrangentes, pois, quanto mais tempo se espera, mais o pecado se espalha. Até mesmo um só transgressor já é demais (Ec 9:18).[18]

Aqueles que foram acusados, os transgressores, foram listados nos versículos 18-43: primeiro os sacerdotes (10:18-22), então os levitas (10:23), os cantores e porteiros (10:24), e finalmente, os demais filhos de Israel (10:25-43). Esdras 10:44 declara: "Todos estes haviam tomado mulheres estrangeiras, alguns dos quais tinham filhos destas mulheres". Concordo com Derek Kidner, quando diz que nem a linhagem nem o cargo podem ser uma garantia de integridade moral.[19] Os líderes encabeçam a lista dos transgressores. Resta claro afirmar que os pecados dos líderes são os mestres do pecado. Os pecados do líder são mais graves, mais hipócritas e mais danosos do que os pecados dos demais, pois o líder peca contra um maior conhecimento. O líder exorta o povo a viver em santidade, enquanto ele mesmo, às vezes, transgride os mandamentos e, quando o líder cai em pecado, mais pessoas são atingidas.

É de bom tom afirmar que o jugo desigual é ainda proibido no Novo Testamento. O apóstolo Paulo é categórico:

> Não vos ponhais em jugo desigual com os incrédulos; porquanto que sociedade pode haver entre a justiça e a iniquidade?

> Ou que comunhão, da luz com as trevas? Que harmonia, entre Cristo e o Maligno? Ou que união, do crente com o incrédulo? Que ligação há entre o santuário de Deus e os ídolos? Porque nós somos santuário do Deus vivente, como ele próprio disse: Habitarei e andarei entre eles: serei o seu Deus, e eles serão o meu povo. Por isso, retirai-vos do meio deles, separai-vos, diz o Senhor; não toqueis em coisas impuras; e eu vos receberei, serei vosso Pai, e vós sereis para mim filhos e filhas, diz o Senhor Todo-Poderoso (2Co 6:14-18).

Porém, o apóstolo Paulo, em consonância com o ensinamento de Cristo, determina, também, que um cônjuge crente não deve apartar-se do cônjuge descrente. Sob a graça, o cônjuge crente não deve apartar-se do cônjuge descrente nem mesmo dos filhos:

> Ora, aos casados, ordeno, não eu, mas o Senhor, que a mulher não se separe do marido (se, porém, ela vier a separar-se, que não se case ou que se reconcilie com seu marido); e que o marido não se aparte de sua mulher. Aos mais digo eu, não o Senhor: se algum irmão tem mulher incrédula, e esta consente em morar com ele, não a abandone; e a mulher que tem marido incrédulo, e este consente em viver com ela, não deixe o marido. Porque o marido incrédulo é santificado no convívio da esposa, e a esposa incrédula é santificada no convívio do marido crente. Doutra sorte, os vossos filhos seriam impuros; porém, agora, são santos. Mas, se o descrente quiser apartar-se, que se aparte; em tais casos, não fica sujeito à servidão nem o irmão, nem a irmã; Deus vos tem chamado à paz. Pois, como sabes, ó mulher, se salvarás teu marido? Ou, como sabes, ó marido, se salvarás tua mulher?" (1Co 7:10-16)

Tiberius Rata tem razão em dizer que o livro de Esdras termina com uma nota muito prática para o líder cristão atual. Após momentos de oração e jejum, chega a hora da ação. A oração e o jejum de Esdras são seguidos pela confissão, arrependimento e pela separação do pecado. Foi exatamente assim que o ministério de Jesus começou: "Arrependei-vos e crede no evangelho" (Mc 1:15). A mensagem de Jesus não era: "Trabalhe mais", "obtenha um diploma" ou "pense mais positivamente". A mensagem de arrependimento e de separação do pecado foi a mensagem de Esdras, foi a mensagem de Jesus, e precisa ser a nossa mensagem. Piedade não substitui ação, e ação sem piedade é perigosa. Porém, quando as duas recebem a mesma importância, muito é feito para o Reino de Deus.[20]

Estou de pleno acordo com William MacDonald, quando diz que o livro de Esdras é um estudo sobre reavivamento. Quando homens leem a Palavra de Deus e aplicam suas verdades à sua vida, quando orações intercessórias fluem dos santos, e quando há confissão de pecados e abandono daquilo que sabidamente é pecado, então há poder na igreja para fazer grandes coisas para Deus.[21]

Concluo com as palavras de Derek Thomas, na sua breve descrição do que ocorreu em Genebra. Em 1556, quando João Calvino passou por Genebra e foi convidado a permanecer, ele se deparou com uma comunidade ávida por introduzir uma reforma religiosa de acordo com os princípios bíblicos. No ano seguinte, juntamente com o amigo e também reformador Guilherme Farel, Calvino apresentou vinte e um artigos sobre doutrina, organização e disciplina. As pessoas relutaram em seguir os preceitos organizacionais, e quando os dois franceses insistiram para que todos os cidadãos de Genebra fizessem uma confissão de fé, houve uma revolta, e os dois foram obrigados a deixar a cidade às pressas. Os acontecimentos em Genebra não terminaram ali; em menos de três anos, Calvino foi chamado de volta.

O resto, como se diz, é história. As reformas de Esdras também não sucederam tão bem como se esperava. Em menos de duas décadas, Jerusalém enfrentaria o mesmo problema de novo. Reformas são sempre um processo doloroso, seja em Jerusalém, em Genebra ou na igreja local. A questão é se estamos dispostos a adotar a causa do reino, mesmo que nos seja custoso sermos fiéis à Palavra de Deus.[22]

Notas

1 RATA, Tiberius. *Esdras e Neemias*, p. 99.
2 WIERSBE, Warren W. *Comentário Bíblico Expositivo*. Vol. 2, p. 611.
3 THOMAS, Derek. *Esdras e Neemias*, p. 201.
4 RATA, Tiberius. *Esdras e Neemias*, p. 100.
5 THOMAS, Derek. *Esdras e Neemias*, p. 183.
6 Ibidem, p. 184.
7 Ibidem, p. 185.
8 RATA, Tiberius. *Esdras e Neemias*, p. 100.
9 THOMAS, Derek. *Esdras e Neemias*, p. 188.
10 RATA, Tiberius. *Esdras e Neemias*, p. 101.
11 Ibidem, p. 102.
12 KIDNER, Derek. *Esdras e Neemias: Introdução e Comentário*, p. 78.
13 DEMARAY, C. E. *O Livro de Esdras*, p. 503.
14 RATA, Tiberius. *Esdras e Neemias*, p. 103.
15 WIERSBE, Warren W. *Comentário Bíblico Expositivo*. Vol. 2, p. 612.
16 DEMARAY, C. E. *O Livro de Esdras*, p. 503.
17 RATA, Tiberius. *Esdras e Neemias*, p. 104.
18 WIRSBE, Warren W. *Comentário Bíblico Expositivo*. Vol. 2, p. 612.
19 KIDNER, Derek. *Esdras e Neemias: Introdução e Comentário*, p. 78.
20 RATA, Tiberius. *Esdras e Neemias*, p. 105.
21 MACDONALD, William. *Believer's Bible Commentary*, p. 480.
22 THOMAS, Derek. *Esdras e Neemias*, p. 201,202.

Bibliografia

ARCHER JR, Gleason L. *Panorama do Antigo Testamento.* São Paulo: Editora Vida Nova, 2014.

ARNOLD, Bill T e BEYER, Bryan E. *Descobrindo o Antigo Testamento.* São Paulo: Editora Cultura Cristã, 2001.

BARBER, Cyril J. *Neemias e a dinâmica da liderança eficaz.* São Paulo: Editora Vida, 1985.

CHAMPLIN, Russell N. *O Antigo Testamento Interpretado Versículo por Versículo.* Vol. 3. São Paulo: Editora Hagnos, 2020.

DEMARAY, C. E. *O livro de Esdras.* Em *Comentário Bíblico Beacon*. Vol. 2. Rio de Janeiro: Casa Publicadora das Assembleias de Deus, 2015.

DOBSON, Edward G. *Ezra. Em The Complete Bible Commentary.* Nashville, TN: Thomas Nelson Publishers, 1999.

DUMBRELL, William J. *The Faith of Israel.* Leicester, Reino Unido: Apollos, 1989.

FEE, Gordon e STUART, Douglas. *Como ler a bíblia livro por livro.* São Paulo: Editora Vida Nova, 2013.

FENSHAM, F. C. *The Books of Ezra and Nehemiah.* Grand Rapids, MI: Eerdmans, 1982.

FONTELES, Gerson Lopes. *Bíblia, um estudo panorâmico e cronológico.* São Paulo: Heziom, 2023.

GALANT, Benjamim et al. *Bible Overview.* Torrance, CA: Rose Publishing, 2012.

GARDNER, Paul. *Quem é quem na Bíblia Sagrada.* São Paulo: Editora Vida, 2015.

HENRY, Matthew. *Matthew Henry's Commentary on the whole Bible.* Old Tappan. NJ: Fleming H. Revell, 1985.

KIDNER, Derek. *Esdras e Neemias: Introdução e Comentário.* São Paulo: Editora Vida Nova, 2006.

MACARTHUR, John. *Manual bíblico MacArthur.* Rio de Janeiro: Thomas Nelson, 2015.

MACDONALD, William. *Believer's Bible Commentary.* Nashville, TN: Thomas Nelson Publishers, 1995.

MEARS, Henrietta. *Estudo Panorâmico da Bíblia.* São Paulo: Editora Vida, 2023.

MESQUITA, Antonio Neves de. *Estudo nos livros de Crônicas, Esdras, Neemias e Ester.* Rio de Janeiro: JUERP, 1974.

PEARLMAN, Mayer. *Através da Bíblia.* Miami, FL: Editora Vida, 1987.

PINTO, Carlos Osvaldo Cardoso. *Foco & Desenvolvimento no Antigo Testamento.* São Paulo: Editora Hagnos, 2014.

PIPER, John. *Hunger for God.* Wheaton, IL: Good News, 1997.

PIPER, John. *Let the Nations be Glad! The Supremacy of God in Missions.* Grand Rapids, MI: Baker, 2003.

RATA, Tiberius. *Esdras e Neemias.* São Paulo: Editora Cultura Cristã, 2017.

THOMAS, Derek. *Esdras e Neemias.* São Paulo: Editora Cultura Cristã, 2022.

WESLEY, John. *Ezra.* Em The Classic Bible Commentary. Wheaton, IL: Crossway Books, 1999.

WHITE, Alexander. *Bible Characters – The Old Testament.* Grand Rapids, MI: Zondervan, 1967.

WIERSBE, Warren W. *Comentário Bíblico Expositivo.* Vol. 2. Santo André, SP: Geográfica Editora, 2006.

WIERSBE, Warren W. *Comentário Bíblico Wiersbe Antigo Testamento.* Santo André, SP: Geográfica Editora, 2009.

WILLIAMSON, H. G. M. *Ezra and Nehemiah.* Em New Bible Commentary. Downers Grove, IL: Inter-Varsity Press, 1998.

WILLMINGTON, Harold L. *Guia de Willmington para a Bíblia.* Rio de Janeiro: Editora Central Gospel Ltda, 2015.

YAMAUCHI, Edwin. *Ezra.* Em Zondervan NIV Bible Commentary. Vol. 1. Grand Rapids, MI: Zondervan Publishing House, 1994.

Minhas anotações

Sua opinião é importante para nós.

Por gentileza, envie-nos seus comentários pelo e-mail:

editorial@hagnos.com.br